바람 분다 돛 달아라

창조문예
산 문 선
0 0 3

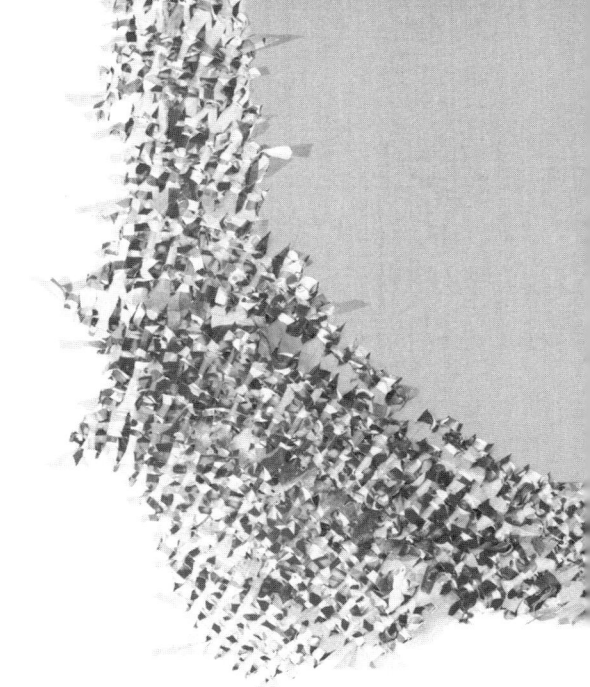

바람 분다 돛 달아라
아버지 우리 아버지

정이녹

창조문예사

머리말

아버지는 나의 이상이셨다. 하나님 사랑하는 마음을 유산으로 주셨으며, 평생을 아버지를 존경하며 살게 하셨다.

어느 날 일본집회를 인도하시고 돌아오시면서 초록빛 메모형 작은 수첩 100권을 선물로 주시면서
"이 노트에 설교 단평을 적고, 설교 후 네 생각을 들려주면 좋겠다."
당시 중학생인 저에게 비서로서의 첫 임무를 내리셨다.
1963년 후암동 충신교회 목회를 시작하시면서 기쁘고 즐겁고 행복한 일감을 주셨는데, 그것은 아버님의 설교에 대한 내 나름의 평을 하게 하셨다. 때로는 심하다 싶어도 설교에 대한 나의 느낌을 솔직하게 말씀드리면 진지하게 받아주시고 언제나 긍정적으로 인정해 주셨다.
"그래 그래, 네 말이 맞다. 그렇구나, 알았다. 그렇게 할게."

1980년 파리로 유학을 가게 되자 아버지께서 말씀하셨다.
"너에게 공로패를 주고 싶다. 너는 나의 든든한 목회 동역자였다."

교회우선주의로 사셨던 아버지는 가정도 소홀함이 없으셨고, 슬하에 네 남매를 두셨다.

장녀인 저는 수필가 겸 칼럼니스트로 봉사하게 하시고,

사위는 프랑스에서 작품활동을 하면서 '누아주'라는 화풍을 최초로 구현한 화가이다.

둘째인 정광일 목사는 가평에서 '가락재' 영성원을 운영하고 있으며,

셋째인 영옥이는 오십이 되기 전 하늘나라 부름을 받았다.

막내인 충일이는 국내에서 화가로 활동하고 있다.

나의 아들 신형철은 프랑스에서 건축과 교수로 재직하면서 그가 설계한 가평의 '생명의 빛 예배당 예수마을'은 2015년,

건축가들이 선정한 세계 9대 종교 건축물 중 하나로 선정되었고, 딸은 의상 디자이너로 2000년 포르토(포르투갈)와 2001년 디나르(프랑스) '국제패션콘테스트'에서 각각 그랑프리 대상을 수상하였으며, 지금은 고등학교 불어 교사로 재직 중이다.

"바람 분다. 돛 달아라"

아버지의 목회철학이시다.

이 글은 나의 아버지 정운상 목사님의 추억 이야기를 때로는 그리워 울먹이며 가슴으로 썼다.

존경하고 사랑하는 아버지를 추모하고, 기억하시는 모든 분들에게 옛일을 떠올리며 따뜻한 이야기로 남았으면 합니다.

2024년 10월 어느 가을날
정 이 녹

차례

머리말　　　　　　　　　　　　　　　　　　　　　　　4

1부_ 아버지 우리 아버지

바람 분다 돛 달아라　　　　　　　　　　　　　　　13
사울의 갑옷　　　　　　　　　　　　　　　　　　　19
청파동 기억　　　　　　　　　　　　　　　　　　　25
나와 내 집은 여호와를 섬기겠노라　　　　　　　　　32
두근두근 첫사랑　　　　　　　　　　　　　　　　　38
아버지의 소원 성취　　　　　　　　　　　　　　　　44
죽음의 문이라도 돌파하는 것이 주의 종 된 자의 사명이다　50
부엉이 기도 응답　　　　　　　　　　　　　　　　　55
내 영혼을 깨우신 정운상 목사님　　　　　　　　　　58
괜찮아, 할 수 있어　　　　　　　　　　　　　　　　62
아버지의 뾰루지　　　　　　　　　　　　　　　　　65
한산섬 푸른 바다, 수루에 올라　　　　　　　　　　　68
하늘의 영광, 신광(神光)에서　　　　　　　　　　　　71
성전 뜰 안에서　　　　　　　　　　　　　　　　　　75
너도 가서 쳐라~!!!　　　　　　　　　　　　　　　　78
무릎걸음으로 오셨다　　　　　　　　　　　　　　　80
보고 싶은 소년이 있다　　　　　　　　　　　　　　83

2부_ 먼 기억

논현동 기억	89
마산 도깨비	92
통영 아이스케키	94
장충동 사탕	96
뿌리가 거룩한즉 가지도 그러하니라	101
네가 나를 사랑하느냐 사랑 고백	108

3부_ 말씀 강단

내가 너희를 택하여 세웠나니	114
다가서야 할 한 걸음	121
일체의 비결	128
아직 늦지 않았다	137
부활절_ 나를 기념하라	144
성령강림절_ 오직 성령이 너희에게 임하시면	152
송년 주일_ 메네 메네 데겔 우바르신	162

4부_ 아버지의 목회철학

아버지의 목회철학	173
부흥 사역	176
성결교 50주년 희년복음전도대	179
민족복음화운동	183

5부_ 걸어오신 길

목회 발자취	187
문래동성결교회를 창립하다	189
신촌성결교회	191
장충단성결교회	192
충신교회	193
충신교회 사임과 새로운 도약	195
천막 교회에서 한강교회로	197
한강교회 증축	200
한강교회의 특징	204
한가람에 생명 샘이 터지어라	208

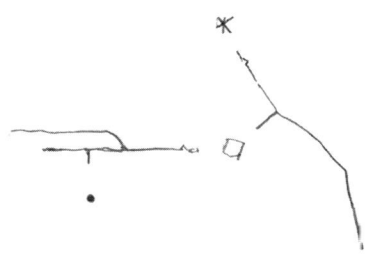

에필로그 • 작은 새야, 날아라	211
한강교회가 - 주가 평강 주시리라	215
정운상 목사의 호 '추성'	216
추성(秋聲) 정운상(鄭雲象) 목사 연보	217

1부
아버지 우리 아버지

바람 분다 돛 달아라

1961년 1월, 아직도 겨울바람은 맵고 차가웠다.

나는 그때 장충동 영희초등학교 6학년이었다. 어제처럼 그날도 아침에 학교에 갔다가 하교 후 집에 왔는데, 집에는 아무도 없었다.

대문 옆 작은 문을 열고 집 안에 들어섰다. 우리 집 대문이라 함은 실상은 장충단성결교회 정문이다.

이 문은 예배가 있는 날만 활짝 열리는 아주 크고 무거운 철문이고 보통 때는 그 옆에 작은 문으로 다닌다. 문을 열고 들어서면 왼편에 위풍당당하게 돔 형식의 갈색 교회가 있고, 교회 마당 중앙에 타원형 커다란 꽃밭이 있어 학교에서 돌아올 때면, 할머니께서 등판이 땀으로 범벅이 되시도록 적시며 꽃밭 손질을 하고 계셨다. 온갖 꽃들 사이 넘어 정면에 당회장 목사님이 사시는 본채인 우리 집이 있다. 서양식 단정하고 아담한 돌집이다. 그리고 오른편에 부목사님 댁과 사찰집사님 댁이 지붕을 같이하여 일자형으로 나란히 있다. 그런데 그날 우리 집 하얀 현관문이 활짝 열려 있었다.

마루 위에는 운동화 자국이 여기저기 찍혀 있고, 가구며 아버님 책상이며 책장들은 간 곳이 없고 신문지며 종이 뭉치들이 바람에 날리는데… 도대체 무슨 일이 일어난 것인가 두리번거리니, 현관 마루턱 한구석에 종이접기 편지가 하나 있었다. 접혀진 편지 위에 적힌

"이녹아, 보아라"

나는 그때 12살이었다.

남동생은 충무초등학교에 다녔는데 왠지 나는 영희초등학교를 다녔다. 학교는 을지로 쪽 시장 한가운데 있었다. 아마도 동생은 이사 가는 길 도중에 학교가 있어 데리고 떠난 것 같다.

"오늘 우리가 급하게 이사하게 되어 너를 못 기다리고 떠나니 이 편지를 받거든 을지로6가로 나가서 전차를 타고 신용산에서 내려서 영등포 가는 버스로 갈아타고, 영등포 종점에서 문래동 가는 버스를 타고 종점까지 오너라. 오른편 큰길을 따라 내려오면 문래동 성결교회가 있으니, 그곳에 계시는 집사님께서 우리 집으로 데려다줄 것이다."

십자형 종이접기 편지를 손에 들고, 편지 아래 놓여 있는 차비 정도의 동전을 손에 꼭 쥐고, 아침까지도 둥그렇게 둘러앉아 아침 식사를 했던 안방, 아버님 서재, 할머니 방, 우

리 공부방들을 돌아보았다.

 교회 뜰 안에는 조종남 부목사님 댁이 있었고, 나랑 동갑이던 성수가 있고 연년생 여동생 성희가 있어 나는 거의 성희하고 놀았다. 두어 살 어린 남동생이 있었는데 내 여동생을 좋아해서 나는 커서 영옥이한테 장가갈 거라고 큰소리치던 철수가 있었다. 그리고 언제나 엄마의 치마끈을 잡고, 졸졸 엄마 곁에 서 있던 맑은 눈의 막내딸도 있었다. 그 옆에 사찰집사님 댁도 함께 살았는데 그날, 그 큰 공간에는 오직 나 혼자였다. 그 누구도 문을 열고 나와서 이렇게 된 상황에 관해 이야기해 주지 않았다. 그 끝을 알 수 없는 침묵으로 가득한 공간 어딘가에 모두 문 뒤에 꼭꼭 숨어서 나만 사라지기를 기다리고 있었는가.

 편지를 꽉 움켜쥐고 나서는데, 왠지 울어서는 안 될 것 같았다. 입술을 깨물고 어깨를 펴고 결코 무섭거나 슬픈 일은 아닐 것이라 믿으며 당당하게 교회 뜰을 지나 문을 열고 을지로6가로 걸어갔다. 버스를 타고 문래동 종점에서 내리니 어스름 저녁이었다.

 지금도 눈을 감고 "문래동" 하면 코끝 가득 스며들던 타이어 타는 냄새가 나는 것만 같다. 문래동 하늘 가득 넘실대던 그 지독한 냄새를 나는 여전히 기억한다. 문래동 뚝방길 너머에 한국타이어가 있고 대성탄좌(연탄) 공장이 있었

장충단성결교회

다고 얼마 전 친구가 알려 주어서 지독한 냄새의 연유와 마당에 널어놓은 하얀 교복 위에 까맣고 작은 티끌 같은 것이 앉아 있던 이유를 알게 되었다. 오랜 추억만으로도 여전히 코끝이 찡한 고무 타는 냄새로 진저리가 난다.

얼마 전, 장충단성결교회를 가 보았는데 돔형의 교회 정면이 개축이 된 듯하지만, 색이 약간 바랬을 뿐 여전히 위풍당당하게 옛 모습 그대로 거기 있었다. 어쩐지 옛 영화의 한 장면 같은 것이, 마치 이상한 나라의 앨리스 같았다. 어떻게 55년이란 시간이 흘렀는데 그냥 그대로 거기에 서 있는가? 내가 살던 자랑스러운 원목 목사님 사택은 앰배서더 호텔 방향으로 개통이 되어 큰길이 되어 사라지고, 양옆에 있던 부목사님 댁과 사찰집사님 댁은 5층 빌라가 되어 있었다.

12살짜리 꼬마가 주머니에 적혀 있는 엄마의 편지를 연신 꺼내보며, 잘못하여 길을 잃지 않으려고 애를 태우며, 장충동에서 문래동까지 전차 타고, 갈아타고, 버스 타고,

비만 내리면 질척거리는 골목길을 왜 걷어야 했는지 나는 그 이유를 아주 많은 시간이 지나간 후에야 알게 되었다.

아버님 서재에서 본 기억에 남는 선명한 사진들이 있는데, 그중에 바다를 향하여 배의 키를 잡고 있는 젊은 조타수 뒤에서 그의 왼쪽 어깨 위에 손을 얹으시고 오른손을 멀리 뻗어 가야 할 길을 가르치시는 예수님의 사진이 기억에 남는다. 그 밑에 아버지는 친필로 쓰셨다.

"바람 분다, 돛 달아라"

며칠 전 아버지의 오래된 유품을 정리하던 중 다음 글을 보았다.

바다의 나그네

정운상

바다의 나그네
목이 마르다
물속에 있으면서 목이 마르다
사람의 물결 속에 한 사람 그리워

목이 마르다
바다의 나그네
힘이 솟는다
너와 나 사랑 쌓여
배 위에 있네
바다의 나그네
파도 위를 걸어오신
힘찬 모습
그 손길 내 손 잡으니
힘이 솟는다
바닷물 그 속에서 샘물이 솟는다
바람 분다, 돛 달아라

사울의 갑옷

1960년 4월 19일, 그날, 나는 을지로에 있었다.

초등학교 6학년, 학교 수업이 끝나 집으로 오는데 까만 학생복을 입은 고등학교 오빠들이랑 아주 많은 사람들이 이마에 하얀 끈을 두르고 6가에서 5가 쪽으로 함성을 지르며 뛰어가는데 모두 화가 나 있었다. (고려대학생과 대광고등학생이었으리라…….)

도로에는 돌조각들이 널려 있었고 작은 조각구름 같은 회색빛 안개가 메케한 냄새 속에 묻혀 거리에 가득 넘실거렸다. 간신히 집에 돌아왔다. 아버님이 급히 나가시며 우리에게 엄히 말씀하셨다.

"너희들 절대로 밖으로 나가지 말고 집에 있어야 한다."

갑자기 동네 골목이 어수선해지고 장충동 공원 숲 가에 있는 큰 기와집에서 불길이 일었다. 우리는 옆집 성수랑 아이들이랑 모두 불길을 쫓아 연기를 따라 뛰어나갔다.

내무부 장관 최인규 집이라고 했다.

어스름 저녁이었는데 그 시커먼 불길 속에서 무엇인가를 들고, 머리에 이고 허둥대며 나가는 사람들이 보였다.

"저 사람들, 도둑인가 봐."

검은 기와집 지붕 위로 커다란 나뭇가지가 툭툭 꺾이며 빨갛게 타오르는 불길보다도 남의 물건을 훔치는 도둑을 직접 보았다는 충격에 가슴이 콩닥거렸다. 대문 앞에서 서성이시며 우리를 기다리시던 아버님은 아무 말 없이 우리 네 형제를 서재 벽에 키대로 나란히 세워놓으시고 딱, 딱, 딱, 딱, 군밤을 주셨다.

내 평생에 처음이자 마지막으로 아버님께 매를 맞았다.

적어도 열 대쯤 맞아야 한다고 각오하고 있었는데 한 대만 맞은 것이 신기하고 감사했다.

그즈음 우리 온 가족은 중앙극장에서 〈푸른 화원〉 영화를 관람했다.

루이자 메이 알코트 원작 『작은 아씨들(Little Women)』을 머빈 르로이가 감독한 영화인데, 미국 남북전쟁 중에 겪는 아름다운 네 자매의 이야기이다.

둘째 딸, 준 앨리슨의 매력에 감동되어 나도 문학을 하고 싶다고 마음의 꿈을 꾸기도 했다.

내가 큰동생 손을 잡고 먼저 나가 중앙극장 앞에서 기다리고 있으면, 어머니는 양손에 셋째와 막내를 데리고 오시고, 아버님은 심방 후 극장 앞에서 만나 함께 나란히 영화를 보았다.

우리는 먼저… 나중에… 함께 모여 영화 보고… 다시 흩어져… 시차를 두고 팀별로 따로 사택으로 돌아왔다. 아마도 장충단교회 성전 뜰 구조가 당회장 목사님 온 가족이 함께 외출하여 영화를 관람하는 것이 부담이 되신 듯하다. 마치 007 영화 촬영하듯 두근거리기도 했지만 이렇게 모험심 넘치게 멋진 영화를 볼 수 있게 해주신 부모님이 자랑스러웠다.

여름이면 인천 앞바다 작약도에 온 가족이 여름휴가를 갔는데 소나무 숲 등걸 위에 매미들이 점점이 붙어 숲속을 온통 꽉 채우며 울고 있었다.

바로 눈앞 가지 위에 앉아 있는 매미를 보고 살금살금 나뭇가지 위로 오르는데 아버지는 웃으시면서

"매미가 너를 잡겠다" 놀리셨다.

어린 마음에 오기가 나서 눈을 크게 뜨고 머리털 끝까지 레이저를 쏘며 올라가 매미를 잡고 자랑스럽게 손을 펴서 보여드리니,

"그 매미 눈이 멀었나 보구나" 하신다.

파란 바다에서 수영하시는 아버지 어깨에 두 손을 얹으

면 신이 나서 물살을 헤치며 하늘 끝, 바다 끝, 하얀 구름 위까지라도 헤엄쳐 갈 줄 알았는데, 저만큼 떠 있는 바위섬 위에 나만 훌쩍 내려놓고는

"헤엄쳐 오너라" 하곤 뒤도 돌아보지 않고 가신다.

"친아빠가 아닌가 봐."

울먹이며 짠 바닷물을 입으로 코로 먹어가며 들락날락하면서 간신히 모래밭 위로 기어 나오면 미소 가득한 눈을 찡긋하시며 엄지 척 하신다.

아버님은 '신앙은 보수, 생활은 진보'라는 자신의 신앙관을 자녀들에게도 실천하셨다.

결혼하시고, 첫딸을 낳으시고, 신학을 하셨으나 서른한 살, 장충단성결교회 당회장으로 목회하시었다. 당시 장충단성결교회는 성결교단에서 가장 큰 교회였다.

어느 날 새벽기도 인도를 전도사님께 부탁드리고 영락교회에 가서서 맨 뒤에 앉아 예배를 드리는데 얼마나 감동하셨는지 아침을 드시면서 어머니께 말씀하셨다.

"내가 호떡 장사를 해서라도 아이들 교육을 할 터이니 나를 믿어주시오."

1958년 11월 부임하셔서 1961년 1월 사임하셨는데, 바로 전 주일예배 설교 제목이 〈사울의 갑옷〉이었다.

"이에 사울이 자기 군복을 다윗에게 입히고 놋 투구를 그의 머리에 씌우고 또 그에게 갑옷을 입히매 다윗이 칼을 군복 위에 차고는 익숙하지 못하므로 시험적으로 걸어 보다가 사울에게 말하되 익숙하지 못하니 이것을 입고 가지 못하겠나이다 하고 곧 벗고 손에 막대기를 가지고 시내에서 매끄러운 돌 다섯을 골라서 자기 목자의 제구 곧 주머니에 넣고 손에 물매를 가지고 블레셋 사람에게로 나아가니라" (삼상 17:38~40).

그 누구와도 의논하지 않으셨으며, 바로 그 주간에 사표가 수리되었고, 긴박하게 이사를 하게 된 그날 아침에도 우리는 이사하게 되리란 것을 몰랐다. 우리는 그다음 주일 환송예배를 드리러 주일 아침 일찍 문래동에서 장충동으로 갔다.

지난 한 주간, 얼마나 많은 일이 일어났는지 모르는 유년부 친구들은 여느 주일처럼 반갑게 만나 장난치고 떠들어 대었는데 나는 웃을 수가 없었다.

광고 시간이 되고 부장 집사님께서 아주 간단하게 설명하시고 내게 송별 인사를 하라고 하셨다. 갑자기 불려 나가 아이들 앞에 섰다.

친구들은 여전히 저희끼리 툭툭 치며 키득 키득거리며 아무런 생각도 느낌도 없어 보였다.

"너희는 '이별'이란 말을 모르는구나, 이별은… 다시는 너희들을 볼 수가 없다는 거야. 우린 벌써 이사했어."

목구멍에 울음 막이 가로질러 아무 말도 못 하고 장난기 가득한 친구들을 바라보며 멀뚱히 서 있는데 눈물이 주르륵 저 혼자 흘렀다.

예배 후 교회 정문

청파동 기억

남동생과 어머니와 셋이 매주 토요일에 오시는 이성봉 목사님을 기다렸으니 아마도 1952년이었으리라.

북한의 남침으로 한국전쟁이 발발하고, 아버님은 부산으로 피난 간 서울신학교 학생으로 부산에 가시고, 우리는 청파동에 남았다.

이성봉 목사님

우리 셋은 주중에 나오는 성도들을 위해 새벽종을 치며 청파동 교회에서 살았다.

일본이 망하면서 '남묘호렌게교'라는 요상한 이단이 사용하던 청파동 본거지를 성결교단이 입수했는지 우리는 그곳에 있었다.

그 공간 구석 끝은 낮에도 어두웠고 학교 운동장만큼이나 넓었는데, 그 입구 벽에는 울긋불긋 단청 색이 요란하고, 커다란 눈이 불거져 튀어나올 듯한 털북숭이 할아버지가 창을 들고 고함을 지르는 벽화가 있었다. 그 앞을 지날 때면 언제나 두 눈 꼭 감고 두 손으로 귀를 막고 쏜살같이 달렸다. 예배실은 천장이 높은 일본식 다다미 공간이었다. 다다미 두 칸을 두고, 좌우로 한 칸씩 벽을 세우고, 세로로 두 칸을 건너지르게 지붕으로 덮고, 그 속에서 이불 하나 덮고 셋이 꼭 붙어 잤다.

전쟁 중이라 전기가 들어오지 않으니, 밤이 되면 촛불을 켰는데 작은 바람에도 촛불의 그림자는 굼틀, 굼틀, 넘실, 덩실거렸다.

아무도 오지 않는 긴긴 오후가 지겨울 때면, 길게 연이어 닫혀 있는 방문들을 슬며시 열어 보기도 하는데, 숨이 막혀 있던 공기가 제풀에 놀라 기지개를 켜면서 달려들면 나도 놀라 뒤로 자빠지기도 하였다.

나는 지금도 가끔 악몽을 꾸곤 하는데, 청파동 그 커다란 집에 오후 햇살이 창문의 그림자를 다다미방 위에 길게 드리우면 등을 둥글게 굽힌 아주 작은 그림자 하나가 남아 있곤 한다.

청파동 성결교회 생활에 대하여 어머니께서 아버지에게 보내신 오래전 편지 한 구절을 찾았다.

"오늘 새벽에는 鐘종을 치러 나갔더니 글쎄 밤새 銀世界은세계로 변하였겠지요. 三삼 센티 假量가량 왔세요, 鐘종 끈이 꽁꽁 얼어서 짧아져서 가까스로 쳤세요.

목사님은 君子군자 驛前敎會역전교회 가셨지요. 저는 기어코 못 갔습니다.

아마 당신 올 때까지 새벽 鐘종을 건너지 말라고 하나 봅니다.

그나마 제가 없으면 새벽 鐘종이 잠들고 말 테니까요.

그래서 도리어 感謝감사할 수 있습니다.

오는 土曜日토요일 오시었다가 主日禮拜주일예배 보시고 下釜하부 하실 豫定예정이십니다······."

"새벽 鐘종은 마음으로 꼭 百백 번을 칩니다.

初鐘초종도 再鐘재종도 쳐도 텅 비었으니, 마음이 안타까워 죽을 지경이지요.

그래도 男女남녀 합합해서 13名명이 禮拜예배드렸답니다."

(釜山市부산시 溫泉洞온천동 225 서울神學校신학교 內내 鄭雲象정운상 貴下귀하, 서울市시 靑波洞청파동 71 성결교회 내 金和淑김화숙 書서, 85, (1952), 12, 2日일)

그래도 그 무서움을 이겨내고 우리가 기다린 큰 기쁨은 토요일에는 할아버지 이성봉 목사님이 오시기 때문이다.

할아버지가 오시는 날, 문밖에 하루 종일 기다리다 쏜살같이 달려 나가면 덥석 안아 하늘 높이 올리시고 빙빙 돌리며 비행기를 태워 주셨다. 언제나 커다란 갈색 소가죽 가방을 들고 오셨다.

이성봉 목사님은 은혜가 충만하시고 훌륭하시고 많은 사람을 올바른 길로 인도하신 하늘의 별같이 빛나는 분이신데, 내게는 친할아버지 이상의 사랑을 주신 분이시다.

평소에도 두 주먹을 꽉 쥐고 걸으셨는데 항상 예수님 손을 잡고 걷는다고 하셨다.

하얀 수염은 한쪽으로 약간 기운 듯하셨는데 통일 수염이라 하셨다.

"내가 그동안 딸 셋 키우면서도 한 번도 안 그랬는데 이녹이 생각하고 다 가지고 왔다." 제법 무거운 가방은 거의 내 몸무게였을 터인데,

강사 목사님 간식으로 준비해 놓은 것을 몽땅 담아 왔다고 하셨다. 누런 소가죽 커다란 가방에서 성경책과 몇 가지 의복을 꺼내놓으시고 통째로 엎으시면 그 안에서 건포도와 땅콩, 비스킷 쵸코렛 등이 쏟아져 내렸다. 아마 당시 미군부대에서 나온 것일 터인데 간식이 귀한 시절이라 나도 아까워서 며칠 동안 쳐다만 보며 냄새로만 먹었던 기억이 있다.

할아버지 목사님은 나를 불러 당신의 다리를 주무르라 하셨는데 네 살 꼬막 손가락에 힘을 모아 정성을 다해 꼬무락꼬무락거리면

"아~ 시원하다, 우리 이녹이 최고다, 아 시원하다~."

땀방울이 송송 맺히도록 주물러 드리면 금방 코를 고신다. 커다란 숨소리에 드렁드렁 코를 고시며 주무시다가도 살짝궁 손목에 힘이 빠지는 듯하면

"어이, 시원하다. 어이, 우리 이녹이 잘한다, 최고다."

콧등에 기쁨의 땀방울이 송골송골 솟았다.

이성봉(李聖鳳, 1900~1965, 평남 강동군) 목사님은 한국이 낳은 세계적 부흥사로 한국의 '무디'셨다. 철저한 기독교 신자셨던 어머니로부터 신앙 교육을 받으시고 김익두 목사님이 시무하시는 황해도 신천교회에서 신앙생활을 하였다. 1919년 3·1운동 시 대동단에서 활동하다가 유치장에 구속되었다.

"천국이 어디 있느냐?"

라고 묻는 일본 형사에게 "본점은 하늘나라에 있고 지점은 내 마음속에 있다. 내 마음에 확실한 지점이 있으니, 본점이 있음도 확신한다"라고 말하셨다는 유명한 일화도 있다.

1954년 임마누엘 특공대를 조직하여 하루 한 교회 집회를 이끌었고, 1961년 성결교회가 이념 차이로 분열하자 이를

극복하기 위하여 전국 순회 전도를 하였다. 1965년 두 개의 성결교단 합동총회를 개최하게 되고 합동총회에서 마지막 설교를 하였다.

주일 설교 후 의식을 잃으셨는데 8월 2일 아침, 목사님 댁으로 달려간 아버님께서

"목사님, 운상이가 왔습니다."

말하는 순간 목사님께서 벌떡 일어나시며,

"뭬야? 운상이가 왔어. 어디 어디?"

그리고는 그 큰 목소리로

"내가 말로써 못 하면 죽음으로 하리라" 하셨다.

이 말씀이 유언이 되어서 아버님께서 이성봉 목사님 장례식에 상주가 되셔서 장례 행사를 맡으셨다.

선교사님 내외분과 우리 가족

단기 4287년(서기 1954년) 12월 25일 태평교회(두 번째 줄 왼쪽부터 정운상, 가운데 이성봉, 그 무릎에 필자인 정이녹)

나와 내 집은 여호와를 섬기겠노라

나의 아버지

1932년, 아버지가 5살이실 때 우리나라 전역에 '염병'이라고도 하는 장티푸스 전염병이 돌았다. 아버지는 그 병 때문에 머리카락을 모두 잃게 되어 어려서 팔공산이라고 놀림을 받았다.

그해 우리 가정은 하나님을 영접하게 되었다.

그 두 해 전, 일본으로 유학을 가신 형님께서 예수님을 영접하시고 어머니에게 편지를 보내셨고, 어머니는 아들의 편지를 손에 들고 이성봉 목사님이 시무하시는 교회로 가시게 되셨다. 이 목사님의 신앙 훈련으로 할머님은 독실한 신자가 되셨다.

당연히 할아버님이 대로하셔서 할머니께서 위대한 선택을 해야 하는 입장이 되셨다.

우리 할머니께서는 일생일대 대단한 결심을 하시었다.

"지금 내가 예수님을 부인하고 당신의 뜻을 따르면 우리 가족은 모두 멸망이지만, 예수님을 인정하면 우리 가족에게는 구원이 약속되어 있으니, 가족의 구원을 위해 예수님을 부인할 수 없습니다."

할아버지는 이혼을 선고하셨고 호적에 빨간 줄을 그으셨다.

17년 만에 얻은 둘째 아들은 할아버지의 극진한 사랑을 받는데, 울고불고 엄마 치맛자락이라도 잡아주길 은근 바랐지만, 다섯 살 아들은 마루 위에 서서 손을 흔들었다고……. 할머니는 가슴 미어지게 떠나셨으나 이 모든 일을 주관하신 이는 하나님이셨다.

당시 시대적 상황으로 친정으로도 가실 수 없으신 할머니는 교회에서 종 줄을 잡으셨다.

다음 해, 할아버지는 새 장가를 드셨고, 그해에 장티푸스 염병이 돌았다.

새벽에 새벽종을 치러 나간 할머니에게 종이 말을 하였다.

"집으로 가거라. 땡~ 때엥 땡~"

"안 됩니다. 저는 집으로 돌아갈 수 없습니다. 집엔 새 각시가 있습니다."

"지금 바로 집으로 돌아가거라. 땡~때엥 땡! 땡~때엥 땡! 땡! 땡! 땡!"

할머니가 집에 도착하니 대문도 열려 있고 중문도 열려 있고 장롱문도 열려 있었는데, 새 각시 할머니는 패물이며 집문서며 땅문서 몽땅 가지고 제 갈 길로 가셨다.

다섯 살 아버지는 이미 혼수상태여서 이불에 말려 윗목에 눕혀졌고 할아버지는 아랫목에서 인사불성이셨다고 한다.

소매 걷어붙이고 군불 때고 물수건 갈아대고 온갖 정성으로 할아버지께서 일어나셨다.

여전히 혼수상태이셨던 아버지께서 갑자기 일어나서 이상한 말씀을 하셨다.

아버지와 기도 대장 한기섭 할머니

"예수님이 우리 가정을 사랑하신다."
"예수님이 우리 가정을 구원하신다."
"예수님은 우리 가정의 주인이시다."

"지금, 이 아이 하는 말을 알아들으셨는가?"
"아이가 열에 들떠 하는 소리를 제가 어찌 알겠습니까."
"아닐세. 지금 아이가 계속해서 일본말로 뚜렷하게 세 번씩이나 예수님이라고 하는데 그 예수가 누구요?"
"정말 예수님이라고 했나요? 예수님은 우리의 죄를 구속하시기 위해 십자가에 달려 돌아가셨습니다."

그동안 입장이 불편해지신 할아버지는 할머니에게 미안하다, 고맙다는 말도 못 하고 두 분이 서로 몸짓으로만 소통하셨는데, 성령님의 인도하심을 받으신 할머니는 용감해지셨다.

"제가 일본말을 할 줄 알면 어미가 시켰다고 하겠지요. 나도 모르고 아이도 모르고 당신만 아는 일본말로 했다면 이는 방언인 것 같습니다. 지금 예수님을 믿어야 합니다. 그분이 우리 아이를 살려주실 것입니다."

예수 믿는다고 쫓아낸 부인이 돌아와 자신을 극진하게 보살펴 주자 할아버지께서는 어색하고 힘드셨지만, 아들의 회복을 진심으로 소원하며 예수님을 주인으로 모시는 주님의 가정이 되었다.

할아버지께서 처음으로 하신 일이 신줏단지 처리였다.

고이 모셔둔 신줏단지를 가져오게 하여 마당에 내던졌는데 펑 소리를 내며 하얀 연기와 고약한 냄새가 온 마당에 가득하고 며칠 동안 앞을 볼 수 없으셨다고 한다. 첫아들을 낳고 17년 동안 아들을 위해 신줏단지를 모셔놓고 백일기도 하고 둘째 아들을 낳으셨다.

무릎에 앉히시고 하루 세끼 밥을 떠먹이셨다는 할아버지셨다. 그리고 아침저녁 성경을 읽기 시작하셨는데 어느 날 갑자기 버럭 소리를 지르시며 읽으시던 성경을 마당으로 던지셨다.

'어떻게 저 살자고 100세에 낳은 아들 목에 칼을 댈 수 있는가.'

창세기 22장 10절에서 놓으셨던 말씀을 다시 들고 17절까지 이르며 '여호와 이레' 하나님을 만나시고 축복의 말씀을 받으시며 눈물을 흘리시기까지는 그렇게 오랜 시간이 필요하지 않으셨다.

11절 "여호와의 사자가 하늘에서부터 그를 불러 이르시되"
12절 "그 아이에게 네 손을 대지 말라"
13절 "눈을 들어 살펴본즉 숫양이 뒤에 있는데 뿔이 수풀에 걸려 있는지라"

14절 "그 땅 이름을 여호와 이레라 하였으므로"
17절 "…하늘의 별과 같고 바닷가의 모래와 같게 하리니"

할머니는 기도 대장이 되시고 할아버지는 전도 대장이 되셨다.

왼쪽부터 할아버지, 그 옆에 큰아버지, 증조할머니, 할머니

두근두근 첫사랑

청년 시절 아버지

팔공산 별명으로 놀림을 받으며 동년배 친구들보다 늦게 입학하게 된 아버지는 초등학교를 졸업하고 만주에서 이성봉 목사님과 함께 목회하고 계시는 형님에게로 갔다.

형님의 주선으로 일본 요코스카 해군 항해전문학교에서 마도로스 선장의 꿈을 키우는 중에 우리나라는 해방이 되었다.

귀국 후 고향에서 초등학교 교사를 하셨는데, 그 반 학생 중에 나의 막내 외삼촌이 계셨다.

가정 방문 중, 누나인 우리 어머니께서 동생의 담임 선생님 오셨다고 과일을 담아 내어놓았다. 배를 얇고 가늘게 조심조심 살몃살몃 깎으시는 모습에서 향기가 났다고 한다.

동갑내기 두 분은 그 나이라면 누구에게나 같은 모양으로 찾아오는 두근두근 첫사랑을 하였다.

1947년 12월 6일 결혼하시고, 2017년 가을 햇살이 마루방을 가득 채운 시월의 어느 날 오후, 그 아버지의 첫딸은 두 분의 아련한 사랑 이야기의 친필을 보게 되었다.

일본에서 귀향하실 때 들고 오신 해군 학생의 네모난 쑥색 가방 안에 두 분의 사랑 일기와 편지들이 봉투째 하나 가득 담겨 있었다.

요코스카 해군 항해전문학교 학창 시절

태어나 보니 두 분은 이미 나의 부모님이셨고, 내게는 언제나 존경하는 큰 분이셨으며, 온유하고, 무례히 행하지 않고, 자기의 유익을 구하지 아니하고, 성내지 아니하고, 진리와 함께 기뻐하며, 모든 것을 믿고 바라며 참고 견디시는 분이셨다. 그런데 두 분이 열아홉이셨을 때는 서로 그리워하고, 가슴 설레며, 사랑 때문에 불안해하고, 밤을 지새우고, 고백하고, 결심하고, 이 한세상 살아가는 그 누구와도 똑같은 열아홉 사랑을 하셨다는 것이 놀랍고 신기했다.

하나님은 우리 인생에 각각 적당한 '때'를 주셨다.

"범사에 기한이 있고 천하만사에 다 때가 있나니 날 때가 있고 죽을 때가 있으며 심을 때가 있고 심은 것을 뽑을 때가 있으며 죽일 때가 있고 치료할 때가 있으며 헐 때가 있고 세울 때가 있으며 울 때가 있고 웃을 때가 있으며 슬퍼할 때가 있고 춤출 때가 있으며 돌을 던져 버릴 때가 있고 돌을 거둘 때가 있으며 안을 때가 있고 안는 일을 멀리할 때가 있으며 찾을 때가 있고 잃을 때가 있으며 지킬 때

어머니 김화숙

가 있고 버릴 때가 있으며 찢을 때가 있고 꿰맬 때가 있으며 잠잠할 때가 있고 말할 때가 있으며 사랑할 때가 있고 미워할 때가 있으며 전쟁할 때가 있고 평화할 때가 있느니라."(전 3:1~8)

  영원한 그대여
  아직 消息소식은 없다, 쓸쓸하고 말없는 漢江畔한강반의 逍遙소요
  아모 말없이, 기약 없이 헤어졌다
  天地천지도 죽은 듯 고요하다
  잠들랴 잠 안 오고 마음 괴롭히는 이 밤,
  지금 새벽 2時시 10分분
  잊으랴 해도 잊지 못하고 생각 않으랴 해도 생각지 않을 수 없다
  아 이 마음의 永遠영원한 h여!(和淑화숙, 어머니 함자)
  오너라 그대여 와서 이 마음의 火印화인을 지어다오
  버래도 울고 바람도 울고 새도 우는 날 나도 함께 울어나 볼까
  이 내 몸은 하늘의 홀로 우는 별
  그대 몸은 거친 뜰에 홀로 피는 꽃
  어차피 외로운 신세들이니 이 한탁 울어나 볼까
  銀玉色은옥색 보름달 너무나도 아깝다

이 내 몸은 蒼波창파에 노는 갈매기

그대 몸은 외로운 섬의 우는 燈臺등대 불

一葉舟일엽주 밤물결 더욱이 슬프다

이 노래는 꼭 내 心情심정의 노래인 듯

아, 그러나 가시밭을 넘고 어름산을 지난다 해도 이보다 더 괴롭지는 않을 것이다

책을 보아도 그대 생각

서울 장안 雜畓아답 속에 거닐 때도

그대 생각

그대의 幻影환영

그러나 잊어야 한다

걸음을 고쳐 딛고 뜻을 세워서 이곳에 온 이상 꾸준히 공부하자

永遠영원의 幸福행복을 위하여서 너무 感情감정의 捕虜포로가 되어서는 안 될 것이다

하나의 이렇게 못 잊고 헤매는 사나이는

설레는 가슴을 꾹 누르고 感情감정을 抑制억제하여 싸워 나가자 닦아 나가자

삼가 바라오니 그대여

우리의 사랑은 享樂향락이 아니요 作亂작란이 아니요 어디까지든지 生命생명이요 피요 眞實진실이니

愼重신중하라 그리고 힘써 螢雪형설의 공을 苦悶고민하지

말지니

  아담 하와가 잃어버린 에덴동산을

  우리가 다시 찾기까지 길이길이 아름다워라

  굳세라 우뚝하라

  太陽태양처럼 뜨겁게

  냇물처럼 꾸준히

  종달새처럼 즐겁게

  — 1947년 9월 14일 자 아버지 일기문에서

이로부터 석 달 후 두 분은 결혼하셨다.

결혼. 1947년 12월 6일

아버지의 소원 성취

부모님 결혼 1주년(1948년)

1949년 정월 첫딸을 낳으셨는데 산모인 어머니가 물으셨다.

"딸이에요? 아들이에요?"

"소원 성취했소."

"아, 딸이로구나."

당시 미국 트루먼 대통령이 딸을 비서로 데리고 아침마다 말을 타고 함께 산책하는 모습을 보면서 아버님은 몹시 부러우셨다고 하셨다.

"나도 첫딸을 낳아 함께 말을 타고 다닐 거야."

열 달 내내 소원을 말씀하시었다는데 할머니는 첫 손녀가 섭섭해서 한 달이 지나서야 보러 오셨다.

아버지에게는 소원 성취이고, 할머니께는 섭섭이었다.

1957년 이성봉 목사님과 함께 성결교 〈50주년 희년복음전도대〉를 결성하시어, 대장 이성봉, 부대장 이정률, 총무 정운상, 이 세 분이 하루 한 교회씩 부흥회를 인도하시면서 전국 각지에 부흥 집회를 하시었다.

그런데 교단에서 타 교단 집회를 제한하게 하시니 이성봉 목사님께서 "나는 교단에 남을 터이나 정 목사는 젊으니 어느 교파에 국한됨 없이 전국 교단에서 예수님을 위해 전도에 힘쓸 것"을 권유하심으로 성결교단에서 장로교단으로 오시게 되었다.

1963년, 충신교회 목회를 시작하시면서 아버님은 중학생인 나에게 기쁘고 즐겁고 행복한 일감 하나를 맡기셨다.

일본집회를 인도하시고 돌아오시면서 메모용 작은 노트를 한 박스 선물로 주셨다. 당시 우리나라 노트는 종이의 겉면이 조금 거칠었는데 이 작은 노트는 가로 9cm 세로 14cm 정도로 내 왼편 손바닥에 딱 잡혔고 종이 면이 비단결 같아 매끄러워 글을 쓰면 춤을 추듯 리듬이 살아났다.

"이 노트에 설교 평을 적고, 설교 후 네 생각을 들려주면 좋겠다."

예배가 끝나고 예복을 평상복으로 갈아입으시는 그 짧은

시간에 총알처럼 들어가 목소리의 강약부터 손짓, 몸짓, 그리고 설교에 대한 나의 느낌과 설교 평을 말씀드린다. 감동보다 비판 쪽에 정성을 들였는데 아버님은 그 어떤 말씀을 드려도 언제나 긍정적으로 인정해 주셨다.

"그래 그래, 그렇구나. 알았다. 그렇게 할게."
"오늘은 시작 부분의 목소리가 너무 크셨어요. 목소리를 작게 하셔야 귀를 기울이고 마음을 모으게 되지요. 오늘 예화 너무 감동이었는데, 아버지가 먼저 감동하고 울먹울먹 하시면 안 돼요. 우리가 감동을 받도록 다음에는 울지 마시고 객관적으로 말씀하시면 좋겠어요."
"그래 그래, 네 말이 맞다. 알았다. 그렇게 할게."
때로는 좀 심하다 싶어도 아버지는 언제나 어떤 말씀을 드려도 진지하게 받아 주신다. (그렇게 말씀하셔도 다음 설교 시간에 또 울먹하신다.) 때로는 부흥회 하시는 집회에 참석하여 메모한다. 집회 설교는 주제가 비슷하니 어떤 설교는 수십 번 듣게 되는데 다음에 무슨 이야기가 나올지 토씨까지 알고 있어도 매번 감동하고 은혜가 충만하여 가슴이 벅차곤 한다.

새벽예배를 위하여 새벽 4시부터 일어나셔야 했던 아버지는 가족들 이야기가 길어져서 밤 12시가 넘어가면 등을 꼿꼿이 세운 상태에서 분명히 두 눈은 뜨고 계시는데 고개가 살짝 뒤로 넘어가며 아무도 모르게 혼자만의 졸음에 겨워하신다.

"아버지, 주무셔요?" 소리를 지르면, "아니, 아니야. 나 안 자."

후다닥 눈동자에 빛을 모으시고, 헛기침도 하시며, 다리를 다시 꼬아 양반다리 하시고, 우리들의 대화 속에 계시는 것을 즐거워하셨다.

부드럽고 정겨운 귀에 익은 가락, 여전히 똑같은 음색, 30여 년 들려주신 아버님의 곡조가 지금도 귓가에 들려온다.

"그래~ 그래~ 그렇구나. 알았다. 그렇게 할게."

나는 정운상 신학교의 가장 모범적이고 우수한 학생이었다.

2018년도 1월 셋째 주일에 아버님 10주기 추모예배를 한강교회에서 드렸다. 기도해 주신 양의섭 목사님(왕십리중앙교회)께서 함께 동역하던 시절 얼마나 엄하게 하셨는지 나는 나중에 절대로 엄한 원목이 되지 않으리라 했는데, 어느 날 엄한 자신을 보며 정운상 목사님의 사랑을 알게 되었다고 하신다. 설교해 주신 홍정길 목사님(남서울은혜교회 원로)께서 대학선교회(C.C.C.) 총무로 열심 봉사하던 중 이유 없이 전출되신 후 너무 힘들어 "설악산 아름다운 단풍을 보고도 짜증이 나고, 동해바다 파도를 보고도 짜증이 나고, 하루해가 너무 힘들어 감당할 수 없을 때 정 목사님이 오셔서 함께 목회하자"라고 하셨다고 하신다.

추억담을 들려주신 윤성호 목사님도 부목으로 힘들었던 당시 이야기를 정답게 나누어 주셨는데, 이를 들으면서 나는 또 다른 나의 아버지를 알게 되었다.

"나에게는 한량없이 너그러우셨는데 또 다른 관점이 있을 수 있구나."

아마 우리 네 형제들도 모두 다를 수 있겠다.

1960년대 중고등학교 시절에 담임선생님께서 아버지 직업에 대해 앙케트 비슷하게 공개적으로 질문을 하셨다.

"아버님이 사장님인 사람 손들어, 아버님이 교수인 사람, 아버님이 의사인 사람, 아버님이 변호사인 사람, 아버님이 상업하는 사람……" 그리고 아마도 18번째쯤 "아버님이 이발사인 사람, 그 다음번쯤 …… "아버님이 목사인 사람?" 내가 손을 번쩍 들었다.

왜 그랬는지 친구들은 자기들끼리 키득키득 웃었다. 나는 그 자리에서 조용히 일어나 내 짝꿍부터 시작해서 눈에 힘을 주고 레이저 광선을 쏘며 360도 한바퀴 돌았다. 키득거리던 친구들은 물 끼얹은 듯 조용해지고 선생님도 놀라 나를 쳐다보신다.

"너희들이 잘 모르는구나…, 목사님은 하나님과 가장 가까운 분이시고, 모든 사람들 머리 위에 손을 얹고 축복기도 하신단다."

부모님과 함께 있는 사진. 정이녹 2살

하늘 위에 하나님 아버지가 계시고,
이 땅 위에 우리 아버지가 계셨다.

죽음의 문이라도 돌파하는 것이
주의 종 된 자의 사명이다

정운학(큰아버지),
경성신학교 졸업(1940년)

　큰아버님 정운학 목사님은 어려서부터 미술에 탁월한 재능이 있어 전국 미술 대회에 입상하였었다. 화가의 꿈을 이루기 위하여 일본으로 건너가 동경 미술대학에 입학하였다. 당시 조선인으로 처음이라고 하셨다. 조선인에 대한 차별이 심하였지만, 하숙집 주인은 친절하고 공손하게 대해 주었다.

　하루는 저녁상을 물리고 나자, 하숙집 주인이 찾아왔다.

　"혹 불편하신 것은 없으십니까?"

　"예, 잘해 주셔서 불편한 것이 없습니다."

　"낯선 외국에서 우리가 잘해 드린다 해도 고향 집 부모 같겠습니까?"

"저는 조선인인데 왜 저에게 잘해 주십니까?"

"우리는 하나님 안에 한 가족, 한 형제입니다. 태초에 창조주께서 세계 만물을 지으시고 인류를 지으셨습니다."

일본인 하숙집 주인은 독실한 크리스천 가정이었다.

'기독교 신앙이야말로 일본인이나 조선인이나 서로 차별하지 않고 평화롭게 살아갈 수 있는 인류 구원의 참 종교이다.'

일본에서 크리스천을 만난 큰아버님은 전도를 받고 기독인이 되셨다.

1935년 동경미대를 졸업하고 고향으로 돌아와 인천성결교회(평동교회)에서 신앙생활을 하던 중 이성봉 목사님의 심령대 부흥회에서 은혜 충만한 성령 체험을 하시고 이 목사님의 권유로 신학교에 입학(1936년)하셨다. 신학교 입학 후 그동안 작업한 자신의 모든 작품을 집 뒷마당에 수북이 쌓아 놓고 태우셨다고 하는데, 그 옆에서 동생 아버님은 작품 속에 하얀 목덜미 갈기를 바람에 날리며 두 발과 꼬리를 하늘로 향해 뻗어 올리고, 마치 울고 있는 듯한 말의 눈을 바라보며 함께 울었다고 하셨다. (알프스를 넘는 나폴레옹 : 다비드 작품을 모작하신 듯)

1940년 경성신학교(서울신학교의 전신)를 졸업하시고, 1942년 목사 안수를 받고 만주 일대에서 복음을 전하시는 이성봉 목사님과 함께 심양교회를 섬기시고, 북릉 성결교회도 개척하셨다.

이후 1945년 8월 15일 조국이 해방되었다.

1952년 6월 25일 남침으로 한국전쟁이 시작되자 미군 당국은 우선적으로 독립운동 인사와 목사님들에게 즉시 귀국할 수 있는 배표를 나누어 주었다. 북만주에 있던 많은 목사님들이 귀국선에 올랐으나 자신에게 배당된 가족의 배표를 교회 장로님 가족에게 양보하고 귀국을 포기하고 남은 양 떼를 지킬 것을 결심하셨다.

다음은, 이성봉 목사님 자서전 『말로 못하면 죽음으로』에 수록된 이야기이다.

> "정운상은 정운학 동생이다. 정운학 목사는 13년간 우리 집에 함께 동거하면서 한국과 만주에서 같이 전도한 신앙의 동지였다. 해방 후 만주에서 귀국할 때 나는 그에게 동행하기를 권하였더니 어린 양 떼를 두고 어디로 갈까, 자기는 좀 더 기다리겠다고 떨어졌다.
> 6·25 전쟁 중에 그에게서 편지가 왔는데, '…만주는 공산 치하에서 지냅니다… 교회마다 2~3인, 혹 10여 인 남아서 예배는 보아도 목자가 없어 자기가 바랭이를 걸머지고 전 만주 각 교회를 순회 목양합

니다. 그리고 개인의 편리와 안일을 위해서 이리저리 좌우하는 것은 인생의 가치가 없습니다. 의무와 사명과 책임을 위하여 죽음의 문이라도 돌파하는 것이 주의 종 된 자의 최고의 영광이라고 생각합니다'라고 하였다. 그 후로는 소식 두절이다. 진충眞忠을 잃어버린 기독도 모양으로 외롭기 짝이 없더니 뜻밖에 그의 동생을 만났다. 통영에서 목회하는 것을 불러서 희년 전도 1년 동안 함께 봉사하였다."

(이 목사님의 신촌 자택에서 시작한 신촌성결교회가 신촌 로터리로 이전하게 되고 1958년 4월부터 아버님이 시무하셨다.)

큰아버님께서 6·25 사변 중 아버님께 보내신 편지가 있다.

"…나는 지금 만주 지방의 여러 교회를 돌보고 있다. 목자들이 모두 한국으로 떠났으니 어린 양들을 누가 돌보겠는가? 지금 중국에는 팔로군이 득세하여 종교를 탄압하고 있어 점점 더 위험이 다가오고 있다. 그러나 개인의 안일과 편의를 위해 사는 것은 인생의 본분이 아니다. 우리의 의무와 책임과 사명을 위해서라면 죽음의 문이라도 돌파하는 것이 주의 종 된 자의 사명이 아니겠는가."

신앙의 스승이신 이성봉 목사님과 동생 정운상에게 순교

의 각오로 보낸 정운학 목사님의 마지막 편지를 들고 나의 아버님은 형님이 못다 이루신 목회자의 길을 이어가기 위해 서울신학교에(경성신학교의 후신) 입학하셨다.

"제가 형님의 뒤를 따르겠습니다."

그 후 아버님은 1990년 중국과 교류가 시작되자 심양 일대를 두 번이나 건너가 찾아 보았으나 가족의 생사를 찾지 못하셨다. 1966년 문화혁명 때 순교하셨을 것이라는 이야기만 전해 들으셨다고 하신다.

뒷줄 왼쪽에서 두 번째 정운학(큰아버지), 앞줄 왼쪽에서 두 번째 이은실(이성봉 목사님 사모님), 앞줄 맨 오른쪽 한기섭(우리 할머니)

부엉이 기도 응답

신촌성결교회 정진경 목사님께서 우리 가족이 파리 15구에 살 때에(1982년) 우리 집을 찾아주셨다. 정성껏 저녁을 준비하고 기쁨으로 정담을 나누던 중에 큰아버님 이야기를 해 주셨다.

"정운학 목사님은 서울신학교 선배 목사님이신데, 우리 후배 목사들 사이에서 전설 같은 이야기가 많으셨지. 성품이 곧고 진실하여 순전하게 성경 말씀대로 사셨던 분이었어. 누가 오 리를 가자 하면 십 리를 가 주고, 겉옷을 달라 하면 속옷까지 벗어주고, 오른뺨을 때리면 왼뺨을 내주고……. 이성봉 목사님께서 사모 될 분을 소개해 주시고 주례해 주셨는데 신부를 데리고 신혼여행을 기도원으로 가셨다고. 추운 겨울 외출하면 두루마기를 벗어주고 홑바지로 들어오시기 일쑤이고, 교회를 건축하다 공사비가 밀리게 되어 화가 난 공사장에게 왼뺨 오른뺨 다 내어주며 화가 풀리실 때까지 때려 주십사 하였는데, 그 장면을 보고 감동받은 중학생이 다음 주일부터 교회에 나오고 후일 장로님이 되셨지. 우린 정운학 목사님을 부엉이 목사라고 불렀어. 한번은 기도 제목을 놓고 철야기도 하는데 새벽녘에 설교단에서 퍼드득 퍼드득 소리가 나서 가 보니 부엉이 한 마리가 들어와 있었다고. 목사님께서 기도 응답인 거 같으니 새 파는 집에 가지고 가라 하셨는데, 새의 값이 기도 제목하고 너무 정확해서 생활비까지 보태서 기도할 걸 하셨다고…,

그래서 우리는 부엉이 목사님이라는 별명을 지어 드렸어."

신학교 선배 중의 한 명이 새벽마다 혼자 기도하던 중 캄캄한 새벽에 푸덕푸덕하는 소리가 들려 가 보니 설교단 밑에 커다란 부엉이가 한 마리 있었다. 목사님께 가지고 가니 기도의 응답이니 새 파는 곳에 가지고 가 보라 하시어 그 부엉이를 팔아서 부족한 학비를 채우게 되었다는 이야기를 설교 시간에 종종 들으며 부엉이에 대한 기도의 능력과 응답의 실증에 대한 감동으로 학생들간에 기도에 대한 뜨거움이 일면서 당시 실제로 일 학년들 사이에 기도 운동의 동기가 되었다.

61학번은 총 60명이었는데 수업 후에 아현교회 강의실에서 기도하는 학생들이 생기기 시작했고 그중에서 열두 명이 규칙적으로 수업 전과 점심 후 방과 후에 기도실에서 세 번 모여 합심하여 기도하자는 의견이 일치되면서 십이인 기도 클럽이 생기게 되었다.(부산 대연성결교회 원로 정영수 목사님 간증)

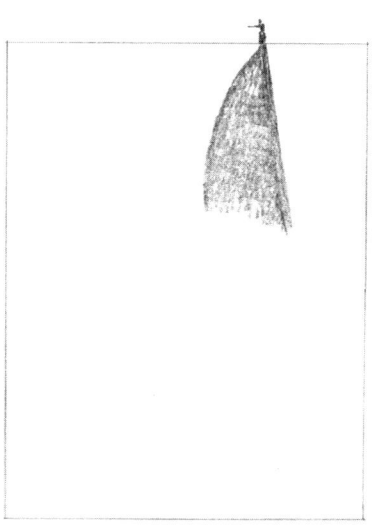

내 영혼을 깨우신 정운상 목사님

   부산 수안교회 이만규 원로목사님의 저서 『내 영혼의 혼불을 찾아서』 중 「내 영혼을 깨우신 정운상 목사님 편」을 보면 다음과 같은 이야기가 있다.

   1953년 통영동 중학교에 입학하였다.
   우리 모자는 통영으로 이사 온 후 태평동에 있는 태평동 성결교회에서 신앙생활을 시작하였다. 내가 중학교 3학년 때 태평동 성결교회에 아주 젊고 패기만만하고 의욕이 넘치는 잘생긴 목사님이 부임하여 오셨다. 당시 나이가 스물다섯, 젊고 야심만만한 목사님의 출현은 교회에 새로운 바람을 일으켰다. 정운상 목사님(1927년생)은 외모가 출중하고 목소리 또한 우렁찼다. 호소력 있는 목소리로 설교하실 때면 교인들의 가슴에 깊은 감동을 안겨 주었다. 교인들의 가슴을 꿰뚫은 말씀은 목사님에 대한 사랑과 존경의 마음을 일으

켰고, 목사님은 불도저처럼 교인들을 신앙의 길로 밀어붙였다.

목사님은 우리 젊은 학생들에게 많은 관심과 애정을 가지고 지도하셨다. 학생회를 조직하여 중학교, 고등학교 학생들을 날마다 교회에 나오게 하셨다. 학생들은 학교가 끝나자마자 교회에 모여 성경을 읽고 또 읽으며 거의 매일 철야기도 모임을 가졌다. 감수성이 예민한 학생들은 날마다 하는 성서 공부와 철야기도로 믿음이 자라나고 대부분의 학생들은 장래 목사가 되는 것이 최대의 꿈이 되었다. 목사님도 우리가 목사가 되는 것을 권유하셨다. 고등학교 형님들은 아예 대학 진학을 신학교로 정하고, 학교 공부는 뒷전으로 하고, 오로지 성서만 읽고 철야기도로 은 마음과 정성을 쏟았다.

나도 그 성서 공부 모임에 열심히 참석했다. 학교가 끝나기가 무섭게 책가방을 던져 버리듯 마르에 내팽개치고, 성경을 들고 교회를 향해 한달음에 달려갔다. 밤이면 교회 한쪽 구석에서 새우잠을 잤다. 새벽 시간이 되면 제일 먼저 일어나 새벽종을 쳤다. 새벽예배를 준비하고 새벽예배가 끝나면 집에 가서 아침 먹기 바쁘게 학교로 달려갔다. 그러나 밤새도록 철야기도 하느라 잠을 제대로 못 잤으니 수업 시간에는 꼬박꼬박 졸았고, 교과서 속에 숨겨 놓은 성경을 읽다가 선생님께 들켜 호되게 야단맞은 적도 많이 있었다.

"저 녀석은 목사 할 녀석이다" 하시며 더 이상 간섭하지 않는 선생님도 계셨다.

이처럼 학교 공부는 뒷전이고 교회에서 살다시피 하는 나를 어머님은 오히려 흡족해하셨다. 목사님도 어머니도 내가 목사 되기를 바라셔서 학교 공부에 마음 쓰지 않으셨기 때문에 성적이 점점 떨어져 갔다.

그렇게 고등학교 2학년이 되었을 때, 우리 신앙의 중심에 계시던 목사님께서 갑자기 서울로 전임되어 가셨다. 학생회는 더 이상 예전 같지 않았다. 신앙의 지주를 잃은 학생들은 자신을 추스를수 있는 힘이 없었다. 목사가 되겠다고 신학교를 준비하던 학생들도 거의 일반 학교로 자신의 미래를 다시 계획하여야 했고, 날마다 교회에 모여 공부하는 일이 불가능해졌다. 학생들은 중요한 시기에 공부를 하지 않았기 때문에 대학 입학이 어려워졌다.

하나님은 교회에도 계시지만 우리 삶의 한가운데 계신다. 가장 철저하게 그리고 치열하게 믿음의 본을 보이며 소망을 가진 하나님의 백성으로 살아야 하는 곳은 어쩌면 교회 이전에 하나님께서 허락하신 우리 개개인 삶의 현장일 것이다.

이러한 경험은 나에게 좋은 약이 되었다.

세상은 변해가고 세기도 변하였다.
그러나 나의 신념과 신앙은 이렇게 외친다.

"지금이야말로 우리에게 순수한 종교적 사랑과 연대가 가장 필요한 시기이다"라고…….

나는 이것이 현대를 사는 이들이 겪는 '영혼의 병'이라고 생각한다. 우리에게 지금 필요한 것이 있다면, 그것은 진정한 생명력일 것이다.

우리가 생명력을 회복한다는 것은, 우리의 삶에서 만나게 되는 고난과 고통의 순간을 받아들이고 인정하고 그리고 더불어 극복할수 있는 힘을 '소유'하는 것이라고 나는 믿는다.

괜찮아, 할 수 있어

다음은 사랑의교회 안수집사였던 유정부 집사가 쓴 글로서 오래전 정운상 목사의 도움을 받았던 내용을 옮겨본다.

대학합격통지서와 장학금 증서는 손에 들었지만, 막상 서울에서 머물 곳이 없었다. 발표가 나기까지 친척 집에 얹혀 있었던 나는 가정교사 자리라도 구해야만 숙식을 해결하고 학교에 다닐 수가 있었다. 사실 시골 촌뜨기가 대학교 입학시험에서 전 과목 평균 90점을 넘어야 제공되는 전액 장학금과 기숙을 제공하는 장학생회관 입실이라는 꿈같은 일을 목표했던 게 잘못이었다.

1961년, 겁 없이 서울로 올라와서 도전했던 첫 번째 병아리의 도전은 처참하게 좌절되어 가고 있었다. 신문에 1단 2줄의 가정교사 구함이라는 광고도 내어 보았으나, SKY 대학생이 아니면 거의 불가능하다는 것을 몰랐다. 며칠을 헤매다가 드디어 모든 것을 포기하고 시골로 돌아가기로 결정을 하고 귀향 기차표를 사기 위해 서울역으로 갔다.

  나의 발길은 좌절과 절망으로 무거웠다.

  하나님은 그 넓은 서울 땅에서 나에게 도움을 줄 수 있는 분을 서울역에서 마주치게 하셨다.

  경상남도 통영의 자그만 교회, 태평성결교회에서 중등부 학생이었던 때 그 교회를 맡으셨던 전도사님, 이제는 목사님이 되신 정운상 목사님을 만나게 된 것이다. 사실 목사님은 중학생이었던 나를 잘 기억 못하셨지만 불과 몇 달 전인 1960년 12월 겨울에 태평교회에서 부흥회를 인도하셨기에 나는 목사님을 생생하게 기억하고 있었다. 그때 목사님의 호세아서 강해는 어린 나의 가슴에 뜨거운 하나님의 사랑을 알게 해 주셨고, 큰 감동과 감격의 시간이 평생을 통해 내 기억 속에 남아 있었다.

  목사님과의 만남, 그것은 나의 인생길을 바꾸어 놓았다.

  나의 형편과 좌절을 들으신 목사님은 그날부터 숙식하며 공부할 수 있는 가정교사 자리를 주선하여 주셨다. 만약에 목사님과 마주침이 없었더라면 나는 대학을 포기하고 낙향하여 긴 세월 좌절의 시간을 보냈을 것이다. 목사님은 대학 시절 내내 나의 멘토이셨으며, 그 후로도 나의 인생 고비마다 나를 이끌어 하나님 곁을 떠나지 못하도록 단단히 하나님의 사랑 줄에 묶어주셨다. 힘들고 어려웠을 때 주저

앉아 포기하고 싶을 때마다 목사님께서 하시던 말씀을 떠올린다.

"괜찮아, 할 수 있어."

아버지의 뾰루지

언제부터인지 아버지의 목 뒷덜미가 가렵더니 콩알만 한 뾰루지가 생기셨다.

엊그제는 겨드랑이 부분에 하나 더 부어올랐다. 순간, 한센병은 본인도 모르게 3년이 지나야 알게 되고, 집 식구들이 알게 되는 데 3년이 더 걸리고, 이웃들이 알게 되기까지 거의 10년이 지나야 인지하게 되는 병이라고 한다.

지난 4년 동안 소록도 집회를 시작으로 전국 한센병 환자 집회만 10여 차례 넘게 한 것이 생각났다. 작은 손거울을 찾아 목덜미 부분을 살펴보니 제법 도톰했다.

'아~ 드디어 나도 환자가 되었구나.'

소록도 교회 설교단은 일반석과 높이가 달랐다. 7미터 높이의 설교단이 너무 높아 그곳에서는 성도들의 머리만 보이고 그들의 눈동자를 볼 수 없으니, 말씀을 뜨겁게 전할 수가 없다. 설교 도중 단 밑으로 껑충 뛰어 내려갔다. 모두

소리치며 구석으로 흩어졌지만 다가가서 머리에 손을 얹고 축복기도 해 주니 이제는 너도나도 곁으로 다가왔다.

소식은 빠르게 전파되어 여기저기 한센교회에서 집회 요청이 들어왔다.

부르는 곳으로 언제나 어디나 달려갔다.

마음 깊은 곳에서 기쁨이 넘쳤다.

많은 생각 끝에 가족회의를 했다.

"아마도 나는 한센병 환자가 된 것 같다. 지금 우리 교회 출석 교인이 300여 명인데 전국에 한센병 환자는 만여 명도 더 될 것이다. 교인 수가 많아지면 양들을 돌보는 보람도 크고 사명도 넓어지니 조만간 교회를 사임하고 소록도로 갈까 한다. 물론 아이들은 엄마가 돌보아야 하니 나만 가겠소."

그때 나는 열네 살 중학교 2학년이었다.

남동생이 열한 살, 그 아래 여동생 아홉 살, 일곱 살 막내 남동생.

우리는 아버님의 긴 이야기를 이해할 수 없었다.

단지 아버지께서 우리를 서울에 두고 목회하시러 먼 곳으로 떠나신다는 것이었다.

우리는 훌쩍거리기 시작했으나 아무도

"안 됩니다."

라고 감히 말할 수 없었다.

아버지는 하나님의 말씀에 순종하는 목사님이시었다.
그렇게 연말이 되었으나 아버님의 부스럼 뾰루지는 더 이상 생기지 않았다.

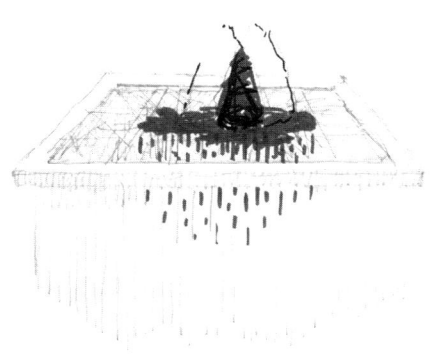

한산섬 푸른 바다, 수루에 올라

"그때는 매미가 더 많았지, 귀가 멍했거든. 아마도 1955년 여름이었을 거야."

"어머니는 어떻게 그렇게 기억을 잘하세요?"

"막냇동생이 57년생이니까~~ 그러고 보니 벌써 65년이 지났구나~."

"우리는 여기에 꼭 다시 올 거예요, 35년이 되기 전에요. 그때는 내 손자들도 데리고 와서 여기 마루 위에 할머니랑 누웠던 곳이라고 말해 줄 거예요."

우리는 통영 한산섬 제중당 옆 도피랑 언덕 위 정자 수루 마루 위에 나란히 누웠다.

며느리와 두 손녀딸 함께 두 팔 벌리고 누우니 서로 손끝을 닿으려고 가슴이 솟았다.

이렇게 100년의 시간이 이어져 가는 것이구나.

당시 제중당은 이순신 장군 영정도 없었고, 지붕을 받쳐주는 둥근 네 기둥뿐이었다.

울퉁불퉁 마룻바닥에 누우면 붉은 소나무가 기다란 나뭇가지로 팔베개해 주며 우리 옆에 같이 누웠다. 투텁한 나무 냄새에 저절로 눈이 감기고 하늘 땅 가득한 매미 소리 들으며 잠이 들었다. 마룻바닥에 볼 만큼만 한 침 자국 흘리며 꿀잠 들었다가 깨어도 매미는 여전히 쉼 없이 울어 재꼈다.

관리소에 문의하니 이 정자는 1976년 박정희 대통령 때 정비되었다고 했다.
'그럼 그렇지~!!! 내 기억이 맞는 거야~!!!'

추억은 가슴에 남아 시간을 넘어간다.

나는 일곱 살 통영초등학교 학생이 되었다. 이순신 장군 수군들의 훈련장, 세병관을 교실로 쓰는 통영초등학교에 다녔다. 통통배를 타고 한산섬에 자주 왔다. 밥공기 닮은 동그란 섬들이 초록빛 바다 위에 솟아있고, 파란 하늘에 흰 구름이 뭉치고 흩어지면 하얀 구름 덩이를 잡겠다고 발꿈치를 높이 세우고 두 손으로 헤집고 뛰어다녔다.

당시에 아이들 간을 먹으면 한센병이 나을 수 있다는 미신

같은 이야기가 있었다. 골목이 끝나 꺾어지는 모퉁이에서 궁둥이를 뒤로 빼고 코끝만 빼꼼히 내밀고는 아무도 없는지 확인하고 바람처럼 달렸다. 여름 햇살이 머리 꼭대기 정수리 위에 쨍하고, 발목 언저리에 손바닥만 한 내 그림자만 저 혼자 빙글빙글 돌았다.

한센병 환자와 부딪친 것 같다. 텅 빈 골목에 아무도 없었다. 저만큼 큰 기와집 대문이 열려 있었고, 마당 한가운데 대나무 평상 위에 기절하듯 쓰러졌는데,

"목사님 댁 큰 따님이 더위 먹었나 보다."

수런거리며, 얼음 띄운 식혜 한 사발 먹여 주시며, 따뜻한 손으로 등을 쓸어 주셨다.

하늘의 영광, 신광(神光)에서

우연한 기회로 경북 포항에 위치한 신광 마을에 가게 되었다.

아버님의 옛이야기는 먼 기억이 되어 오래된 전설 같았는데, 신광을 두르고 있는 뒷산이 마치 학이 날개를 펴고 비상하는 듯한 모양을 하고 있었는데 신비스럽게도 마음을 두드리며 말을 걸어왔다.

골목길 옆 부동산 간판 이름에 비학산(飛鶴山)이라고 쓰여 있었고, 아마도 저 신비한 산 이름일 것이라는 생각이 들어, 무심결에 휴대전화기 셀카를 눌렀는데, 문이 열리고 주인인 듯한 아저씨가 물어 왔다.

"사진은 왜 찍으시나요?"

"아~ 혹시 저기 저 산 이름이 비학산인가요? 산이 너무 멋져서요."

부인인 듯한 아주머니가 뒤따라 나오면서

"네에~ 맞아요, 우리 동네가 신광(神光)인데 귀신 신 자, 빛 광이에요."

"동네 이름에 귀신 신 자가 붙은 곳은 우리나라에 이곳 뿐이어서 신기한 마을 이름이지요."

신광, 빛! 광! 이라!!!

귀가 번쩍 뚫렸다.

"혹시 저 산에 빨치산들이 있었나요?"

"그럼요. 산이 워낙 깊어서 빨치산들의 소굴이었어요."

부부 모두 이 마을에서 태어나고 지금 이 마을의 이장이라고 하셨다.

"비학산은 우리나라 풍수지리로 최고 명산이라 사람들이 밤에 몰래 산봉우리에 뫼를 쓰는데 어김없이 가뭄이 들지요. 마을 청년들이 곡괭이 들고 올라가 보면 뫼를 쓴 자리가 보이고 곡괭이로 한번 치기만 해도 마른하늘에서 우르릉 쾅쾅 소낙비가 내렸어요. 우리는 둘 다 이곳 사람이라 어려서부터 여러 번 직접 보며 자랐답니다."

자상하신 이장님 부부를 만나 비학산 전설 이야기 들으며,

70년 전, 어느 가을날

하나님의 빛 속 마을에서

빛의 속도로 달려가시는 아버님을 만났다.

1950년 6월 25일 전쟁이 시작되었고 군목으로 군 복무

중이시던 아버님이 어느 날 빨치산 포로가 되었다. 빨치산들에게 퇴각 명령이 내려지고 모든 포로를 총살하라는 명이 내려진 것 같다.

9월 중순 어느 날 아침, 한 사람씩 포승줄로 손목이 묶인 채 산속으로 이동 중이었는데 산으로 끌고 가서 총살당할 것을 예감하셨다.

빨치산의 "태백산맥~"으로 시작되는 군가를 부르게 했으나

"태산을 넘어 험곡에 가도~" 찬양이 마음 가득히 흘러나왔다.

힘차게 찬양을 하며 걸어가는데 마을의 표지판을 보게 되었다.

신광(神光)! 하늘의 영광! 하늘의 영광! 하나님의 빛을 보셨다.

"모두 그 자리에서 서라!"

명령이 내려지고

바로 그 순간 또 하나의 음성을 들으셨다.

누군가가 아버님의 오른쪽 등을 힘 있게 치면서

"운!" "상!" "아!" "뛰어라~!!"

당시 포로가 십여 명이었고, 양손은 포승줄로 묶이어 앞뒤로 줄줄이 엮여서 한 줄로 끌려가고 있었는데, 어떻게 손이 풀렸는지, 등 뒤에서 수없이 발사되는 총소리를 들으면서 무조건 산속(비학산飛鶴山)으로 뛰어갔다.

낮에는 나뭇등걸에 숨어 있고 밤에는 길도 없는 산길을 헤치고 뼈만 앙상하게 해골이 되어 경상북도 포항에서 경기도 인천으로 돌아오셨다.

잡혀가시기 전 태중의 아가 이름을 지어 주셨는데 항렬 마지막이 빼어날 수(秀)였으므로 아들을 낳으면 '인수'라 하라 하신 아들이 벌써 5개월이었다.

신광(神光)에서 살아 돌아오신 아버지는 아들 이름을 한 분이신 여호와 '하나님의 일(一)' '하나님의 빛(光)' '광일(光一)'로 개명하셨다.

'하나님의 빛' 정광일은 장성하여 철학과 신학을 하고 목사님이 되었다.

성전 뜰 안에서

아버님의 목회철학 제1번은 '교회 우선'이셨다.

담임하시던 교회 교인이 많아지면 증축을 해야 하고, 번번이 사택을 팔아서 봉투째 헌금하시고, 우리 식구는 교회 안으로 이사를 한다.

1층은 교회학교 예배실이었고, 옆에 작은 문을 열면 다른 한쪽은 흙벽으로 둘려있는 지하실이 있다.

밭 언덕을 밀어서 교회 마당에서는 1층이지만 우리 방은 지하였다.

주일은 교인들이 오셔서 함께 기도하고 찬양하고 예배를 드리므로 정신없이 바쁘다. 시도 때도 없이 불쑥 문을 열고 "가위 주세요", "풀 있어요?" 옷 갈아입다가 후다닥 커튼 뒤로 숨는다.

그러나 일주일에 여섯 번, 학교에서 돌아오면 두 분은 심방 가시고, 1층 예배실을 지나 낮에도 컴컴한 우리 방으로 들어오는데 저만큼 예배실 강대상 부분은 적막하고 어두웠다.

1962년은 '〈벤허〉의 해'였다. 중학교 2학년이었던 나는 엄청난 감동을 받아서 중요한 장면들을 거의 기억해 내곤 하였는데 교회 지하실 우리 방이 마치 벤허의 누이동생과 어머니가 계셨던 지하 감방 같았다. 그 방에 누우면 한쪽 벽면 맨 위에 열 수도 없는 붙박이 작은 창문이 있었는데 시커먼 흙덩이들 가득하고 밭 아래 채소 뿌리들이 뒤엉켜 축축했다. 자다 한밤중에 눈이 떠지면 두 손가락을 꼼꼼히 살펴보기도 했다.

교회가 언덕 위에 있어서 주일 오후 예배를 드리고, 친구들은 나에게 잘 있으라고 손을 흔들고 서로들 웃고 떠들며 후암동 골목길을 왁자지껄 시끌시끌 내려가는데, 나도 친구들과 어깨동무하고 같이 가고 싶었다. 예배 끝나고 전깃불이 꺼지면 교회는 어두움에 잠기고 커다란 침묵 덩어리가 된다.

그 후 교회 재정이 좋아지면서 사택에서 살게 되었지만, 교인이 많아지면 우리는 번번이 교회 뜰 안으로 들어와 살았다.

1970년 "오늘은 이촌동! 내일은 세계로!"

부흥의 큰 꿈을 안고 후암동에서 이촌동으로 출애굽 하듯이 전 교인이 이사를 했다.

허허벌판 모래사장 위에 널빤지와 각목들이 여기저기 쌓여 있고 창문도 못 달아 유리창도 없는 곳에서 예배를 드렸다. 우리는 공사장 옆에 베니어 합판으로 사방 벽을 세우고 큰방에서 온 식구가 함께 살았다.

털어도 털어도 방바닥에 모래가 우수수, 머릿속이며 콧속, 혓바닥, 여기저기 모래가 그득했다.

벌판에 예배드리러 오시는 분, 손을 잡으면 마음에 기쁨이 가득했다.

> "주께서 택하시고 가까이 오게 하사 주의 뜰 안에서 거하게 하신 사람은 복이 있나이다. 우리가 주의 집 곧 주의 성전의 아름다움으로 만족하리이다."(시 65:4)

너도 가서 쳐라~!!!

어느 날 오후…

당시 중학교 2학년이었던 남동생이 현관문을 벌컥 열고 큰소리가 나게 쾅 닫고는 학생복 모자를 휙 던져 버리고 아직도 언짢은지 등이 들썩들썩하였다.

마침 아버님이 서재에서 설교 준비 중이셨다.

"아버지~! 아버지는 왜 목사님이 되어서 나는 친구들하고 싸움도 못 해."

목소리가 너무 커서 모두들 쳐다보고 있는데 눈물이 범벅이 되어 소리를 질렀다.

"목사 아들이 사람 친다 하니까 내가 잘못도 안 했는데 때리지도 못하고 맞기만 했어요."

물끄러미 바라보시더니 곧 이렇게 말씀하셨다.

"너도 가서 쳐라!"

"정말 나도 때려도 돼요?"

"목사는 나지, 너는 목사가 아니야. 그러니 치고 싶으면 쳐도 된다. 그러나 이럴 때 예수님은 어떻게 하셨을까 한 번만 더 생각하고 쳐라."

맏아들이 은근히 신학을 하기를 바라시는 것 같아 대학 입시를 준비하며 동생은 아버님께 여쭈었다.
"혹시 제가 신학을 할까요?"
"아니, 일단은 네가 하고 싶은 공부를 먼저 하는 것이 좋겠다. 신학은 그 후에 정하자. 지금 신학을 하기에는 아직 어리다. 물론 나는 다시 태어나도 목회자가 될 것이다."
"그럼 어느 학과가 좋을까요?"
"목회를 하려면 어느 과든지, 무슨 과든지 다 도움이 되니 하고 싶은 공부 먼저 하고, 그리고 4학년 2학기가 되면 그때 우리 다시 상의하자."
동생, 정광일은 찬양을 좋아해서 음대를 생각하기도 했지만, 1960년대 당시 시대의 지성이신 김형석, 안병욱, 김태길 석학들의 말씀이 귀해서 연세대에서 철학을 했다. 그리고 졸업반 하반기에 다시 상의드리고 마음을 확정하여 장신대에서 신학을 하고 목사님이 되었다. 경기도 가평에서 〈가락재 영성원〉을 설립(1991년)하여 사역하고 있다.

무릎걸음으로 오셨다

1954년 통영 태평교회에서 첫 목회를 시작하시고, 1957년 이성봉 목사님과 함께 '성결교 50주년 희년복음전도대'를 편성하여 하루 한 교회씩 전국을 다니며 집회를 하셨다.

그 후 한강 백사장에서 수십만 성도 부흥 사역을 하셨고, 1963년 "목사는 양 떼를 돌봐야 한다"고 하시며 후암동 충신교회에서 새롭게 목회를 시작하셨다.

어느 주일 저녁, 나는 그때 고등학교 2학년이었다.

그동안 여러 번 느끼고 있었지만, 어떤 사람에 관한 이야기이어서 내 생각에도 긴장이 되어 아주 조심스럽게 말씀을 드렸다. 갑자기 언성을 높이시며 꾸지람하셨다.

"본인이 없는 데서 말하는 것은 좋지 않으니, 앞으로 그런 태도는 고치는 것이 좋겠다."

단 한 번도 "아니다"라고 말씀하신 적 없으셨으니 놀라서 숨이 턱 막히고 눈앞이 캄캄했다. 갑자기 내가 나쁜 나라 간신이 된 것 같았다.

우리 가족은 특별한 사랑으로 하나 되어 그 어떤 이야기도 나눌 수 있다고 믿고 있었는데 마음에 아득한 구름이 덮이고 신뢰의 벽이 무너져 내렸다. 심장에 비수가 꽂히는 것 같았다.

"아~ 이제 보니 우리는 남이로구나……. 우린 가족이 아니구나. 그러니 나는 이 집에서 함께 살 수 없다"는 생각이 들었다. 내 방으로 돌아와 등을 벽에 기대고 앉아 곰곰이 생각해 보아도 나의 충심을 몰라주신다면 이 집을 떠나리라 결심했다.

그렇게 새벽이 되었고, 아버지 방에 불이 켜졌다.

"새벽예배 시간이로구나. 이제 교회로 가시면 나는 그때 이 집에서 조용히 나가리라~."

그때…… 내 방문이 열렸다.

"아니, 너 아직도 안 자고 있니?"

"그럼, 잠이 오셔요?"

눈길도 돌리지 않고 등 구부리고 앉아 쳐다보지도 않고 꿍얼꿍얼 꾸끄그르 으으으……

그 순간 푹석 쿵~!!! 소리가 났다.

돌아보니 문턱에 두 무릎 꿇으시며 그대로 주저앉으셨다. 그리고 무릎으로 한 걸음 한 걸음 다가오시더니 내 두 손을 꼭 잡으시며 물으셨다.

"이녹아, 아까 네가 한 말은 이렇게, 저렇게… 이런 마음으로 한 거였지?"

"네에, 맞아요, 그래요……. 그런데 아버지는……."

아버지의 두 눈에서 눈물이 주욱 흘렀다.

"내가 잘못했다, 아버지가 네 마음을 헤아리지 못했구나. 용서해 다오. 내 잘못이다."

하늘에는 하나님 아버지가 계시고
이 땅에는 우리 아버지가 계신다.

보고 싶은 소년이 있다

1970년, 한강에는 아파트보다 모래가 더 많았다.

후암동에서 이촌동으로 온 교회가 출애굽 하듯이 이전을 하고 모래 위에 성전 공사를 시작했다. 널빤지와 각목들이 여기저기 쌓여 있고 창문도 못 끼워 유리창도 없는 곳에서 예배를 드렸다.

당시 이촌동은 허허벌판 모래뿐이었다. 한강에서 불어오는 직각 바람이 모래를 회오리로 걷아올리면, 대나무를 꽂아 만든 빨랫줄에 걸린 옷들이 한 바퀴 돌아 떨어진다. 빨래를 휠휠 털어 걷어도 방바닥에 모래가 우수수했다.

가운데 큰길을 두고 교회 건너편에 공무원 아파트가 있었다. 주일 아침 교회 앞 골목길에 서 있노라면 멀리서 한 아이가 길을 건너온다.

아~ 우리 교회에 오는 아이가 확실하다……. 달려가서

번쩍 안고 두둥실 한 바퀴 돌리며 춤을 추었다.

모래벌판 개척교회에서 유년 주일학교 학생 하나는 천금보다 귀했다.

"오늘은 이촌동! 내일은 세계로!"

한강의 기적을 꿈꾸며 새 역사를 시작했다.

어느 수요일 유년부 예배를 드리는데 어디선가 연기 냄새가 났다. 마당 뒤쪽에서 유년부 한 아이가 불장난을 하고 있었다. 뛰어나가 연기 나는 곳에 모래를 붓고 물을 붓고 얼마나 위험한 일인지 설명하고 단단히 주의를 주고 돌아와 다시 예배를 드리는데, 이번에는 창문이 훤해지면서 정말로 불이 붙었다.

"한 번은 용서하지만, 두 번은 안 된다. 좀 전에 약속한 대로 몇 대 맞을까? 네가 정해라."

눈가에 생글생글 장난기 가득하니 손가락 다섯 개를 쫙 피었다.

"그래, 정말 다섯 대는 맞아야겠지만 잘못을 인정한 것 같으니 두 대는 감해 주고 세 대만 맞자, 엎드~렷!!!"

주변에 널려 있는 막대기 하나를 집어 들고 손목에 힘을 주고 어깨를 반듯이 세우고 있는 힘을 다해서 "하낫~!" …… "하나~!"

처음에는 실실 얼렁얼렁하더니 한 대를 맞자, 아이도

긴장을 하는 것 같았다. 궁뎅이를 바싹 올리고 맞을 준비를 한다.

"궁뎅이 올리고~ 두울~!" … "두울~~!!"

자, 이제 마지막이다.

"세엣~!" …… "셋 ~!!!!"

잘못은 지금 바로잡아 다시는 이런 일이 없어야 한다. 어금니를 꽉 물었다.

아직 교육전도사님을 모시지 못해서 주일학교 반사는 나 혼자였고, 예배를 드리던 아이들이 밖으로 나와 동그랗게 몰려서서 바라보고 있었다. 아마 예수님도 이렇게 하셨을 거야 속으로 다짐하며, 그 자리에서 주기도문을 하고 예배를 마치었다. 기특해서 안아주려 했는데 녀석은 바람같이 사라져 버렸다.

텅 빈 교회에 혼자 앉았는데 온몸에서 힘이 빠지고 눈물이 주르륵 흘렀다.

매 맞고 화나서 다음 주일 교회 안 오면 어쩌나…… 너무 심하게 때렸나…….

주일학교 유년부 여자 선생이 몽둥이로 학생을 때렸다고 소문나면, 당회장 아버님 목사님께 누가 되지 않을까…….

맘 졸이며 사흘을 끙끙 앓았는데 주일 아침에 아무 일도 없었던 것처럼 아이가 들어왔다.

멀리서 빙빙 돌다 슬쩍 눈이 마주쳤는데 우리는 서로 씽끗 웃었다.
고마워, 고마워, 정말 고마워. 미안해, 아팠지?
다시 와줘서 고마워…….

50년이 지났다.
지금은 충성 봉사 헌신하시는 60세 환갑 장로님이 되셨겠지…….

한강의 기적처럼 다시 만나고 싶다.

2부
먼 기억

논현동 기억

내 최초 기억은 만 두 살 무렵이다.

인류의 조상 아담은 인간 중에서 유일하게 유소년기 없이 청년으로 지음을 받았다.

그러나 우리는 기억조차 희미한 어린 시절로부터도 얼마나 많은 영향을 받고 살아가는가?

인천 논현동 외갓집의 아주 세밀한 구조까지도 생생하다.

그 집을 떠올리면, 거기에는 언제나 '팥죽 할머니와 호랑이' 이야기가 떠오르곤 한다. 논현동 집 마당 가운데에 우물, 우물 옆 두레박, 마당을 지나면 부엌, 커다란 물항아리, 솔가지 지피는 아궁이, 부뚜막 위에 까만 솥. 종일 해가 머무는 부엌 앞 작은 쪽마루, 기와 머리 얹은 대문 옆에 삽이며 괭이며 빗자루 등이 벽에 기대어 있고, 그 옆에 지게가 제 할 일을 기다리며 서 있다.

멍석에 말려진 호랑이를 지고 씨걱씨걱 용감하게 산골

먼 길을 돌아 나가면, 나는 그제야 마른침을 삼키고 슬그머니 다가온 졸음에 눈꺼풀 닫고 햇빛 가득한 쪽마루 위에서, 부산 서울신학교 수학 중이신 아버님이 보내주신 편지를 동그랗게 말아 쥐고 낮잠에 든다.

뒷마당 텃밭에는 고추며 가지며 호박들이 주렁주렁하고
팔월 한가위가 되면 동네 언니들이 긴 머리 곱다랗게 땋아 내리고
바닷가 넓은 모래밭 둥근 달빛 아래 손에 손잡고 길게 길게 원을 그리며 강강술래 하던 모습이 늘 아름다웠다.

황토색 굴뚝 주변의 둔덕 위에 앉아 손 녹이던 겨울의 쨍하던 오후 긴 햇볕, 대문 앞이 바로 버스 정거장이어서 멈추어선 버스의 둥그런 뒤편 범퍼에 대롱대롱 매달려 있다가 버스가 출발하며 내뿜는 연기를 하얀 안개구름 먹는다고 코로 입으로 들이마시는데 실상은 매연 덩어리이니 가슴 미어지도록 아팠던 기억도 있다.

그리고 그 무렵 기억 하나, 무슨 일인지 엄마에게 볼기를 맞았다. 그 또래 아이들이 엄마에게 매를 맞아야 하는 일이란 예나 지금이나 별반 다르지 않을 터인데, 집 대문 앞이었고, 저만큼 멀리에 친구들이 옹기종기 바라보고 있었다.

치마를 올리고 맨 궁둥이를 손바닥으로 맞았는데, 창피해서 치맛자락을 당겨 내리며 꺼이꺼이 서럽게 울었다.

그 후 몇 번이나 엄마가 말씀하셨다.

"무슨 아이가 그렇게 서럽게 우느냐?"

아파서가 아니라 친구들에게 보인 만살 궁둥이가 창피해서 울었다.

마산 도깨비

아직 여동생 태어나기 전이니 네 살이고 기억은 마산이다. 우리 집 바로 근처 동네에 돌벽으로 쌓은 축대가 있었고, 그 위에 철조망이 있고, 그 안에 절대로 웃지 않는 슬픈 눈을 한 아이들이 많이 있었다. 나는 죽어라 하고 그 축대를 기어 올라가서 철조망 옆 작은 땅바닥에 비비고 앉아, 주머니에 넣고 간 작은 돌을 꺼내어 철조망 사이로 공기놀이를 했다. 모두 내가 오기를 기다리고 있어서 자주 그곳에 갔다. 아이들뿐이었으니 아마 전쟁 고아원이었으리라.

근처에서 호루라기 소리가 나면 모두 한순간에 후다닥 사라지고, 나는 제법 높은 축대에서 껑충 뛰어내려 목덜미 잡힐까 봐 뒷덜미 서늘하게 열심히 집으로 도망쳐 왔다.

아버지는 서울신학을 졸업하시고 잠깐 마산에서 전도사님으로 목회를 하셨는데, 우리가 살던 집은 한 지붕 아래 많은 사람이 함께 사는 공동 주택이었다. 작은 집들이 나란히 붙어 있었고 그 뒤에 좁고 긴 복도는 밤이고 낮이고 어두컴컴했었다. 나는 단 한 번도 그곳에 들어가 본 적이 없는데, 불행히도 우리 집 안방에서는 그 시커먼 복도 쪽으로 누런 창호지를 바른 작은 쪽문이 있었다. 손잡이는 동그란 까만 쇠 걸이였고 놋수저를 꽂아 잠가 놓았는데 가끔 누군가 지나가다가 문을 잡아당기면 늘어진 문풍지가 펄럭이며 도깨비 하품 같은 바람 소리가 푸수스슥 푸루르거렸다.

목회가 최우선이셨던 부모님은 언제나 심방을 가셨으므로 집에는 두 살짜리 남동생과 우리를 돌보아 주는 3살 위 혜자 언니, 그렇게 세 꼬마뿐이었다.

어느 날 한밤중에 혜자 언니가 나를 흔들어 깨워 창호지 쪽문을 가리켰다. 손가락 두 개가 창호지를 뚫고 들어와서 우리를 향하여 까닥까닥 오라고 손짓을 했다. 이불 속에 머리를 틀어박았다가 살며시 고개를 내밀면 다시 움직였다.

"이리 오너라, 이리 오너라."

나는 그 자리에서 숨이 넘어갔다.

부모님의 부재에서 오는 두려움과 공포가 기억 속의 대부분인데, 아마도 동네 말썽쟁이들의 좋은 놀잇감이었으리라.

날이 어둑해지면 몇몇 무리들이 괴상한 도깨비 분장을 하고 커다란 날개를 퍼덕이며 우리 집 마루방까지 습격했는데 나는 번번이 꺅꺅 소리를 지르고 기절했다.

통영 아이스케키

　교회에서 제일 아름다운 집사님께서 통영 번화가 사거리에서 아이스케키 집을 운영하셨다. 동갑내기 친구 집에 놀러 가려면 바로 이 네거리를 지나야 했다. 나는 숨을 멈추고 고개도 숙이고 나무와 나무 사이로 조심조심 들키지 말아야지 살금살금 기어가는데 갑자기 네거리에서 큰 소리로 부르신다.
　"이녹아! 이리 오너라, 어서 와서 아이스케키 먹고 가그라!"
　가슴이 철렁한다. 아이스케키 집 바로 앞에 기다란 나무 의자 위에 무릎 한쪽을 올려놓고 부채질하시는 미인 집사님은 번번이 나를 찾아내시고, 고우신 모습과 달리 큰 목소리로 소리쳐 부르신다. 우렁찬 목소리로 네거리가 떠나가게, 동네방네 다 들린다.
　나는 민망하여 어깨를 옴츠리고 쭈뼛쭈뼛 다가가는데

와락 품어주시며 쟁반 가득 막대 아이스케키를 들고나오신다. 통팥이 듬성듬성 솟은 팥앙금 아이스케키는 입에 닿으면 그대로 녹아 한 개, 두 개, 세 개, 눈 한 번 껌벅하면 막대기만 가지런히 남는데 옆에서 함박웃음으로 바라보시다가
"그래 그래, 맛있지? 옥석이네 가는구나. 이것 가지고 가서 노나 먹그래이."
또 한 봉지 그득 담아 주시곤 하셨다.

막냇동생이 태어났고, 나는 일곱 살 통영초등학교 학생이 되었다.
보자기에 책을 서너 권 포개고 노트며 필통을 얹어 둘둘 말아 어깨에서 허리로 둘러메고, 태평교회 뒤편에 있는 사택 뒷문 작은 계단을 내려와 동네 우물가를 지나고 산허리를 돌아가면, 이순신 장군의 부하 수군들의 훈련장, 세병관을 교실로 쓰는 통영초등학교가 있다.
학교 뒤 언덕 밑에 붉은색 흙 앞에 접근 금지 표지판이 있었지만, 가끔 아이들이랑 몰래 가서 흙을 파서 먹었다. 맛에 대한 특별한 기억은 없는데 금지하는 것에 대한 '호기심 맛'이었으리라.

장충동 사탕

내 나이 10살쯤, 이곳은 서울 장충동이다.
현관문 앞에 걸터앉아 손안에 동전 한 푼을 굴리며
'동전이 왜 내 손에 있는 거지?'
나는 이 돈을 가지고 집 밖으로 나가 100여 미터 떨어져 있는 구멍가게로 갔다. 이 가게는 전봇대를 기둥 삼아 아랫집 담벼락을 의지하고 있는데, 구불구불 기다란 좁은 골목길에 사마귀같이 툭 불거진 거추장스러운 모습이었지만, 아주 오래전부터 당연한 듯 붙어 있었다.

"할머니, 사탕을 주세요."
"……."
"할머니, 이 사탕 사러 왔어요."
"……."
"할머~니이~."
"거기 있으니 가지고 가거라."
할머니는 낮잠 중이신지 컴컴한 구석 보이지 않는 곳에

서 뒤척이며 말씀하셨다. 사탕이며 딱지며 과자며 물총이며 풍선 등이 어지럽게 널려 있는 판매대는 열 살짜리 키로는 조금 높아 나는 까치발을 하고 왕사탕, 일명 눈깔사탕이 어디 있나 살펴보고 빨간색으로 할 건지, 노란색으로 할 건지, 초록색으로 할 건지 망설이다가 세 개를 몽땅 집어, 한 알은 입안에 넣고 두 알은 양쪽 주머니에 넣고, 동전 하나를 슬그머니 내려놓고는 숨이 턱에 차도록 뛰었다. 동전 하나에 알사탕은 두 개였다.

쿵쾅거리는 가슴을 진정시키고 대문 옆 작은 쪽문을 열고 집 안에 들어섰다. 우리 집 대문이라 함은 실상은 장춘단성결교회 대문이었고, 이 대문은 예배가 있는 날만 활짝 열리는 아주 큰 문이라 보통 때는 그 옆에 작은 쪽문으로 다닌다. 문을 열고 들어서면 왼편에 위풍도 당당하게 교회가 있고, 중앙에 넓은 화단이 있는데 그 너머 정면에 장춘단성결교회 당회장 목사님이 사시는 본채인 우리 집이 있다. 마침 교회 안뜰에 아무도 없었다.

나는 우리 집과 교회가 만나는 곳에 있는 우물을 향하여 곧바로 뛰어갔다.

긴장해서 침이 마르니 목구멍이 탔다. 알사탕 표면에 붙어 있는 오돌토돌한 돌기들이 가시처럼 볼따구니를 마구 찔러대고 있었다.

입술을 오므리고 혀를 말고 등줄기 온 힘을 다해 입속

사탕을 우물 속에 뱉어내고, 주머니 속 나머지 두 알도 얼른 얼른 집어 던졌다.

풍당풍당 소리를 내며 사탕 세 개가 우물 속으로 빠지며 소리를 질러 대는데, 그 소리가 얼마나 큰지 마치 우물에 커다란 마이크를 단 것 같았다.

넓은 성전 마당을 가득 메우고 하늘 높이 구름 위로 번개를 치면서 울려 퍼졌다. 순간 나도 우물 속에 같이 빠져 버릴까 했다. 그러면 아버지가 알게 되실 것이고, 나는 사탕에 대해 말씀드려야 할 터이고…

등줄기에 찬바람이 불었다.

사흘 밤낮을 앓았는데 모두들 감기가 심하게 왔구나 하셨다.

며칠 전 이 시절 이야기를 세 살 아래 동생 목사와 나누게 되었는데 이렇게 말했다.

"나는 종이 위에 동전을 그리고 가위로 동그랗게 오려서 그 알사탕 사 먹었는데~~~."

'그랬구나. 그 할머니는 다 알고 계셨구나.'

유소년기를 거치지 않고 청년기로 직접 지어짐을 받은 아담은 몰랐으리라. 세 살 꼬마가 느꼈던 창피한 서러움을, 어스름 저녁이 오면 슬며시 다가와 숨 막히게 덮치는 어둠의 공포를. 그림자도 잡히지 않는 뜨거운 햇볕 아래 골목길에 나만 홀로 남겨진 듯한 그 적막감을, 열 살배기가 사탕의 유혹에 어쩌면 그렇게 쉽게 넘어가는지를. 아담은 정말 몰랐으리라.

그러나
나의 주님 당신은 아십니다.
주님도 나처럼 아가로 태어나셨고
육체의 몸을 입고 이 땅에 오셔서
여전히 남아 있는 아픔과 상처들을
똑같은 마음으로 보듬어 안아주십니다.

"그는 육체에 계실 때에 자기를 죽음에서 능히 구원하실 이에게 심한 통곡과 눈물로 간구와 소원을 올렸고 그의 경건하심으로 들으심을 얻었나니 그가 아들이시면서도 받으신 고난으로 순종함을 배워서 온전하게 되셨은즉 자기에게 순종하는 모든 자에게 영원한 구원의 근원이 되셨나니……."(히 5:7~9)

"자녀들은 혈과 육에 속하였으매 그도 또한 혈과 육을 함께 지니심은 죽음을 통하여 죽음의 세력을 잡은 자 곧 마귀를 멸하시며 또 죽기를 무서워하므로 한평생을 매여

종노릇하는 모든 자를 놓아주려 하심이니……."

"그가 시험을 받아 고난을 당하셨은즉 시험 받는 자들을 능히 도우실 수 있느니라"(히 2:18)

아가야
나도 어린 시절이 있었고
서럽고 그리웠던 수많은 이야기들을 다 알고 있단다
나는 언제나 네 곁에 함께 있었지

아가로
이 세상에 오신
나의 주님
당신을 사랑합니다.

뿌리가 거룩한즉 가지도 그러하니라

내가 아이였을 때
하나님 사랑이 본업이신 아버님 목사님 덕분에
성전 뜰 안에서 사는 복을 누리면서
오직 예수, 예수님만이
나의 기쁨, 나의 소망, 나의 사랑이셨으니
6·25전쟁 속에
저 살겠다고 예수님 얼굴에 침을 뱉은 마을 사람과 달리
치마폭으로 흘러내린 침을 닦아드리어 오히려 공산당원을 감동시켰다는
이야기를 들으며, 아~ 내가 그때 그 자리에 있어야 했는데,
왜 내겐 순교의 기회가 없는 걸까, 순교에 대한 열망을 품었다.

20대에 다윗을 만나면서
"여호와는 나의 목자시니 내게 부족함이 없으리로다."
매일 저녁 온 가족이 둥글게 앉아 손에 손잡고
잠자리에 들기 전에 한목소리로 암송기도 드리며
"하나님 마음에 합한 자" 되고져 하는 소망으로
나도 언젠가 딱 한 편이라도 좋으니 이런 시를 지어드리고 싶은 꿈을 품게 하셨다.

30이 되자, 바울을 만났다.
바울의 질서 정연한 구원의 확신에 구구절절 가슴이 뛰었다.
"나의 나 된 것은 오직 하나님 은혜라."
"나의 간절한 기대와 소망은, 살든지 죽든지 내 몸에서 그리스도가 존귀하게 되려 하나니……"
"내가 이미 얻었다 함도 아니요 온전히 이루었다 함도 아니라. 오직 내가 그리스도 예수께 잡힌 바 된 그것을 잡으려고 푯대를 향하여, 부름의 상을 위하여 달려가노라."
"오직 의인은 믿음으로 살리라. 우리가 아직 죄인이었을 때에 하나님께서 우리에 대한 자기의 사랑을 확증하시어 우리가 하나님을 아빠라고 부를 수 있나니 성령도 우리의 연약함을 도우시며 말할 수 없는 탄식으로 친히 간구하시느니라. 그의 뜻대로 부르심을 입은 자들에게는 모든 것이

합력하여 선을 이루어 주시나니 누가 우리를 대적하리요. 의롭다 하신 하나님께서 우리를 사랑하심으로 넉넉히 이기어 낼 것을 확신하노니 예수 그리스도의 사랑에서 끊을 수 없으리라. 하나님의 은사와 부르심에는 후회하심이 없느니라."

"내게는 우리 주 예수 그리스도의 십자가 외에 결코 자랑할 것이 없으니

이후로 내가 내 몸에 예수의 흔적을 지니고 있노라."

"주를 기쁘시게 할 것이 무엇인가 시험해 보라."

그리고 40이 넘으면서

"예수가 사랑하시는 그 제자가 예수의 품에 의지하여 누웠는지라."

사랑하는 그 제자가 십자가 밑에 서 있는 것을 보시고 어머니 마리아를

혈육인 동생들이 아니고 요한에게 부탁하신 것은

우레의 아들이라는 불같은 성질의 요한을 오히려 마리아에게 부탁하셨음이리라.

막중한 사명을 받은 요한은 순교도 못 하고, 평생 마리아를 모시고 다니면서 예수님을 키우신 어머니의 참사랑을 받았으리라.

나도 요한처럼 '예수님께서 사랑하시는 그 제자'가 되겠

다고…

아침부터 저녁까지. 토요일 밤이면 앉은뱅이 작은 책상을 들고 2층 침실 앞에 쪼고리고 앉아서 컴컴한 창문이 훤히 밝아지는 새벽까지 내게 맡겨주신 어린 영혼들을 위하여 열심에서 열심으로 뛰었다.

"어느 때나 하나님을 본 사람이 없으되 만일 우리가 서로 사랑하면 하나님이 우리 안에 거하시고 그의 사랑이 우리 안에 온전히 이루어지느니라.

우리가 서로 사랑함은 그가 먼저 우리를 사랑하셨음이라.

하나님께로 난 자마다 죄를 짓지 아니하나니 이는 하나님의 씨가 그의 속에 거함이요 그도 범죄하지 못하는 것은 하나님께로부터 났음이라."

50이 되었다.

성경에는 여러 가지 수많은 이야기들로 가득한데

그중에 볼 때마다 가슴 저리고 감동이 되는 이야기가 있다.

"그들이 조반을 먹은 후에 예수께서 시몬 베드로에게 이르시되 네가 이 사람들보다 나를 더 사랑하느냐 하시니 주님 그러하나이다. 내가 주님을 사랑하는 줄 주님이 아시나이다. 이르시되 내 어린 양을 먹이라. 두 번째 이르시되 요한의 아들 시몬아 네가 나를 사랑하느냐 하시니 이르되 주님 그러하나이다. 내가 주님을 사랑하는 줄 주님께서 아시나이다. 이르시되 내 양을 치라 하시고 세 번째 이르시되 요한의 아들 시몬아 네가 나를 사랑하느냐 하시니 주께서 세 번째 네가 나를 사랑하느냐 하시므로 베드로가 근심하여 이르되 주님 모든 것을 아시오매 내가 주님을 사랑하는 줄을 주님께서 아시나이다. 예수께서 이르시되 내 양을 먹이라."

　예수님을 세 번이나 모른다고 부인한 베드로에게 세 번을 거듭 물으심으로
　완전한 사랑을 회복하게 하시는 예수님을 뵈오면
　나는 지금도 울먹울먹 가슴에 뜨거운 덩어리가 목구멍으로 올라와
　눈물이 그렁그렁, 코끝이 시큰합니다.
　그리고 속으로 다짐을 하지요.
　"주님, 아시지요……. 나도 베드로처럼 십자가에 거꾸로 매달릴 각오가 되어 있습니다."

　오십 후반이 되어
　에녹을 보니 신기하고 놀라워
　이름도 비슷하여 언젠가 이녹 이녹 하다 보면
　에녹이 되어 줄까?
　"에녹이 하나님과 동행하더니, 그가 사랑하심에 이곳에

없더라."

60이 되니 비로소 이삭이 보였습니다.
세상에서 내가 제일 잘할 수 있는 것이 있는데,
오직 순종입니다. 순종만큼은 자신 있습니다.

"내 아버지여, 불과 나무는 있는데 번제 할 어린 양은 어디 있나이까?"
하나님이 준비하시리라는 아버지 아브라함의 이야기를 들으며 사흘 길을 걸었습니다.
"제단을 쌓고 나무를 벌여 놓고 이삭을 결박하여 제단 나무 위에 놓고
손을 내밀어 칼을 잡고 아들 이삭을 잡으려 하니……."
제단 위에 목을 내어놓고 순종할 자신이 있습니다, 라고 감히 말씀드렸습니다.

오늘, 이제 아브라함입니다.
왜 나를 사랑하시는가,
왜 나를 이렇게 사랑하시는가,
가슴이 먹먹합니다.
너로 인하여 천하 만민이 복을 받으리니,
이는 네가 나의 말을 준행하였음이니라.

아브라함이 여호와를 믿으니 이를 그의 의로 여기셨다.
소망은 나이를 따라가는가.

"뿌리가 거룩한즉 가지도 그러하니라"(롬 11:16)

네가 나를 사랑하느냐 사랑 고백

사랑하는 나의 아버지
영원 전에 내게 이름을 주시고
그 이름으로 나를 불러주신 아버지
당신 닮은 영을 주시고
그로 인해 소망을 갖게 하시는 아버지
내게 빛을 주시고
더러움에 찌든 나의 마음을 열어 보여주셔서
죄에 대해 분노하게 하시는 아버지

처음 나의 모습은 어떠하였습니까
나를 지으시고 아름답다고 기뻐하신 아버지
욕심과 교만과 불순종에 얽혀
유혹의 깊은 웅덩이 속으로 빠져 들어갈 때
당신의 가슴은 또 얼마나 아프셨습니까

때로는 솟구치고 오르기도 하고
때로는 곤두박질치며 내닫기도 하고
때로는 당신의 침묵 앞에 무너져 내리기도 하지만

어느 날 새벽 찬 이슬 속에서
네가 나를 사랑하느냐 물으시고
정말 나를 사랑하느냐 재차 물으시고
이 사람들보다 나를 더 사랑하느냐 다정하게 물으시면
유혹의 깊은 웅덩이 속으로 빠져 들어갈 때
당신의 가슴은 또 얼마나 아프셨습니까-

때로는 솟구치고 오르기도 하고
때로는 곤두박질치며 내닫기도 하고
때로는 당신의 침묵 앞에 무너져 내리기도 하지만

어느 날 새벽 찬 이슬 속에서
네가 나를 사랑하느냐 물으시고
정말 나를 사랑하느냐 재차 물으시고
이 사람들보다 나를 더 사랑하느냐 다정하게 물으시면
저린 가슴에 두 손 얹고
고개만 끄덕이지요

언젠가 그 어느 날
당신 앞에 서는 날
기쁨의 찬양 부를 때
목이 터져 가슴이 터져
온전하신 당신의 사랑 안에
영원히 거할 것입니다

참 마음으로
영의 아버지

당신을 사랑합니다

3부
말씀 강단

삶의 죽 　　호11:↙

사랑의 눈 곧 삶의 죽 ← 삶mm는
　　　　　　　　　　 몇것 있는것 ~삶
　　　　　　　　　　 삶의 죽을 이끄ㄴ다
저희mm 차례여 ← 그속mm 병에x (영적)
　　　　　　 ← 저희 앞에 벗주것 (축적)

고래잡이 배
　　　 ← 삶의 죽.
　　　 나가 잡에대는 혼노줄.
　　 拖捕에 抑束엾이 삶 그죽을 이해고
　　 삶는 삶을 이끄는 最高의 힘.
삶가 ← 그속mm 병에x ← 自田참m
　　　 저희 앞에 벗주것　 최. 수리게 부정접
　　　　　 두엇노라 　　　 영적갇즘 해가
　　　　　　　　　 ← 소지 짐m
　　　　　　　　　　 병에 벗긴후
　　　　　　　　　　 쉬 죽는 그죽.m

| 정운상 목사 설교 노트 |

2

호세아 3 ― 主 호세아
　　　　　　 先知者 호세아
　　　　　　 將來 호세아

先知者 호세아 — 그 시대니즉

　　① 정치적
　　② 사회적
　　③ 교리적

　　ㄱ. 하나님 아는 지식
　　ㄴ. 이웃을 사랑, 인애
　　ㄷ. 自身에 대한 反省

사랑에는

① 사랑은 모든 문제 해결 방약임
② 　〃　 가치를 가격에서 봄
③ 　〃　 희생이다

구약속에 나타내신 사랑
　〃　　　 예수님의 사랑

3부 · 말씀 강단

내가 너희를 택하여 세웠나니

| 요한복음 15장 16절 |

"너희가 나를 택한 것이 아니요 내가 너희를 택하여 세웠나니……"

하나님께서 택하시고 부르시고 세우십니다.

"곧 창세 전에 그리스도 안에서 우리를 택하사 우리로 사랑 안에서 그 앞에 거룩하고 흠이 없게 하시려고 그 기쁘신 뜻대로 우리를 예정하사……"(엡 1:4~5).

"또 미리 정하신 그들을 또한 부르시고 부르신 그들을 또한 의롭다 하시고 의롭다 하신 그들을 또한 영화롭게 하셨느니라"(롬 8:30).

아브라함을 갈대아 우르에서 부르시고, 베드로와 요한과 야고보를 갈릴리 해변에서 부르시고, 바울을 다메섹 도상에서 부르신 분은 주님이십니다. 한 개인을 창세 전에 택하시고 부르시고 세우셔서 주님의 역사를 이루어 나가는 일꾼으로 삼으신 것입니다. 그 하나님은 오늘도 살아 계셔서 '나'를 창세 전에 택하시고 부르시고 세우셔서 하나님의 자녀 되게 하셨습니다. 하나님의 택하심에 대해 구체적으로 생각해 봅시다.

두 사람이 길을 가고 있습니다. 한 문 앞에 서게 되었습니다. 그 문에는 "수고하고 무거운 짐 진 자들아, 다 내게로 오라. 누구라도 들어오라. 아무라도 오라. 그러면 구원을 얻으리라"고 적혀 있었습니다. 이 글을 읽고 한 사람은 들어가고, 또 한 사람은 믿지 않고 그대로 지나쳐 갔습니다. 이 문에 들어가고 안 들어가고는 절대적으로 개인의 자유의지에 달려 있었습니다. 이것이 곧 신앙의 자유입니다. 강요할 수 없습니다. 책임도 없습니다. 믿어져서 들어오고, 믿어지지 않아서 그냥 지나쳐 제 길로 갔습니다.

그런데 스스로 문에 들어온 이 사람이 한참 가다가 왜 내가 들어오게 되었을까 싶은 생각에 뒤를 돌아다보았습니다. 그랬더니 문 뒷면에 "내가 택한 자만이 여기 들어올 수 있느니라"고 씌어 있었습니다.

은혜가 무엇입니까? 깨닫는 것이 은혜입니다. 문밖에서 은혜받기 전에는 이 사랑의 음성을 들을 수도 없고 깨달을 수도 없습니다. 자기 스스로 길을 결정지어 가는 자는 깨닫지 못하는 은혜입니다. 받은 자만이 알 수 있는 하나님의 섭리가 여기 있는 것입니다.

그런데 하나님께서는 왜 우리를 택하셨을까요? 많은 사람 중에 왜 나를 택하여 하나님의 자녀가 되게 하셨을까요?

하나님께서 우리를 택하신 목적은, 첫째 '내 기쁨이 너희

안에' 있게 하기 위함입니다. 요한복음 15장 11절을 보니 이런 말씀이 있습니다. "내가 이것을 너희에게 이름은 내 기쁨이 너희 안에 있어 너희 기쁨을 충만하게 하려 함이라."

이 세상 어느 누구를 막론하고 고생과 수고와 환난과 질병이 닥쳐옵니다. 또한 이러한 문제들이 외적으로 모두 해결될 수도 없지만 해결되었다 하여도 참 기쁨만일 수는 없습니다. 그래서 세상을 고해라고도 합니다. 그러나 아무 일도 없는 세상은 그야말로 심심하고 권태롭고 지루하고 공허할 것입니다. 그렇다면 참 기쁨은 어디에 있을까요?

> "하나님의 나라는 먹는 것과 마시는 것이 아니요 오직 성령 안에 있는 의와 평강과 희락이라"(롬 14:17).

의는 사죄의 기쁨, 내가 죄에서 용서받은 기쁨이고, 평강은 평화의 기쁨, 희락은 사랑의 기쁨입니다. 그리스도 안에 있는 자만이 이 기쁨을 누릴 수 있으며 이것이 우리를 택하신 하나님의 뜻입니다.

"내 계명은 곧 내가 너희를 사랑한 것 같이 너희도 서로 사랑하라 하는 이것이니라"(요 15:12).

우리를 택하신 두 번째 목적입니다. 그리스도의 기쁨이 내 안에 넘치고 그 사랑으로 이 세상을 살아가게 하기 위함입니다. 냉정한 사회, 시기와 질투 속에서 항상 기뻐할 수 없는 오늘의 현실 속에서 독생자를 주신 하나님의 사랑을 깨닫고 알아 사랑으로 이길 수 있게 하심입니다. 가정 문제, 개인 문제, 국가와 세계의 모든 문제는 이 사랑으로 해결해야 합니다.

사랑은 주는 데 참 빛이 있습니다. 주지는 않고 받기만 하는 사해에서는 물고기가 살 수 없습니다. 세상 모든 사람이 사랑을 받기만 하려는 데서 모든 문제가 생기게 됩니다. 그리스도의 사랑을 받은 우리는 이 사랑을 나누어 주어야 하겠습니다. 우리를 택하신 목적이 여기 있습니다. 그리스도의 사랑으로 충만하게 채워져서 이 사랑을 가지고 외로운 이에게 찾아가서 나누어 주고, 병든 자를 위로하고, 지친 자에게 힘을 주어야 하는 사명이 있는 것입니다.

"이제부터는 너희를 종이라 하지 아니하리니 종은 주인이 하는 것을 알지 못함이라 너희를 친구라 하였노니 내가 내 아버지께 들은 것을 다 너희에게 알게 하였음이라"(요 15:15).

하나님은 아브라함을 친구라 말씀하시고 모세를 친구라 하셨습니다. 택함받은 모든 하나님의 자녀는 곧 하나님의 친구라고 말씀하신 것입니다. 친구는 상하 관계가 아닙니다. 예속의 관계도 아닙니다. 돈이나 권세, 지위도 아닙니다. 서로 도와주고 너와 나의 관계가 평등한 가운데 마음의 문을 열고 서로 닮아 가는 관계를 의미합니다.

끼리끼리란 말이 있습니다. 서로 닮았다는 얘기입니다.

우리는 모두 그리스도의 친구이고 그리스도를 닮아 가는 그리스도의 닮은꼴입니다. 그리스도의 형상이 내 인격 속에 이루어지는 것이 우리를 구원하신 세 번째 목적입니다.

나를 택하시고 나에게 기쁨이 넘치게 하시고 사랑으로 풍성하게 하시고 친구를 삼아 주신 하나님께서는 사명도 주셨습니다.

"너희가 나를 택한 것이 아니요 내가 너희를 택하여 세웠나니 이는 너희로 가서 열매를 맺게 하고 또 너희 열매가 항상 있게 하여 내 이름으로 아버지께 무엇을 구하든지 다 받게 하려 함이라"(요 15:16).

열매를 맺고, 열매를 항상 있게 하는 것이 우리의 사명입니다. 성경은 우리 성도들이 맺어야 할 열매에 대해 가르칩니다. 마태복음 3장에서는 회개의 열매를, 골로새서 1장에서는 복음의 열매와 전도의 열매를, 빌립보서 4장에서는 헌금의 열매를 맺으라고 말씀하십니다.

우리가 택함을 받았을 때 시작은 회개의 열매로 나타납니다. 회개의 역사가 일어납니다. 또 전도의 열매가 나타납니다. 내가 구원받은 감격에 가만히 있을 수 없어 다른 사람을 전도하게 됩니다. 복음의 열매가 나타나게 됩니다. 그리고 감사한 마음을 가지고 하나님께 감사의 예물을 드리는 것입니다.

그러나 더욱 중요한 것은 보이는 열매보다 보이지 않는 열매입니다. 주 예수께 받은 사명, 즉 사명감입니다. 바울은 사도행전 20장 24절에서, 그가 주 예수께 받은바 사명을 다하기 위해 달려갈 길을 잘 달려가겠노라고 말하고 있습니다. 이 사명감이 있어야 합니다. 어떠한 일을 할 때 사명감을 가지고 일하는 사람과 사명감 없이 일하는 사람은 성과에서 엄청난 결과를 보이는 것을 알 수 있습니다.

또한 하나님은 나와 올바른 관계를 유지하기 위하여 나를 훈련시키십니다. 야고보서 1장 2절에 보면 "너희가 나를 택한 것이 아니요 내가 너희를 택하여 세웠나니 이는 너희로 가서 열매를 맺게 하고 또 너희 열매가 항상 있게 하여 내 이름으로 아버지께 무엇을 구하든지 다 받게 하려 함이라"고 했습니다.

나를 인도하시며 나를 단련하시는 신앙적 체험을 훈련이라 하고, 인간과 인간의 관계를 교양이라고 합니다. 곧 내가 하나님의 직분을 맡았을 때 목사님과의 관계, 장로님과의 관계, 집사님과의 관계, 새 신자와의 관계, 안 믿는 사람과의 관계가 올바로 이루어지고 다듬어져서 참 교양 있는 생활을 해야 하는 것입니다. 하나님께 신앙의 훈련을 받아 인간관계의 올바른 교양이 갖추어져 있을 때 훌륭한 하나님의 일꾼이 될 수 있습니다.

그리고 맡은 자들에게 구할 것은 충성입니다.

바울은 "나는 심었고 아볼로는 물을 주었으되 오직 하나님께서 자라나게 하셨나니 그런즉 심는 이나 물 주는 이는 아무 것도 아니로되 오직 자라게 하시는 이는 하나님뿐이니라"(고전 3:6~7)고 하였습니다. 곧 각각 그 맡겨진 은혜에 따라, 그 분수에 따라, 그 처소대로 그 여건 속에서 최선을 다할 때 하나님의 동역자 된 일꾼이 될 수 있는 것입니다.

한 달란트, 두 달란트, 다섯 달란트는 주어진 사명에 좌우되는 것이 아니고 그 여건에서 나의 최선을 다할 때, 하나님께서 예비하신 축복과 은혜와 보상이 우리를 기다리고 있으며 착하고 신실한 종이라고 칭찬받을 것입니다. 나를 택하시고, 세우시고, 불러 주신 하나님의 섭리가 이것입니다. 이것을 깨달아 행하게 되기를 바랍니다.

다가서야 할 한 걸음

| 누가복음 22장 54~62절 |

"예수를 잡아 끌고 대제사장의 집으로 들어갈새 베드로가 멀찍이 따라가니라…… 주께서 돌이켜 베드로를 보시니 베드로가 주의 말씀 곧 오늘 닭 울기 전에 네가 세 번 나를 부인하리라 하심이 생각나서 밖에 나가서 심히 통곡하니라"

본문에 보면 예수님께서 십자가를 지고 가시는데 그렇게 많이 따르던 관중들은 다 흩어지고 열두 제자조차 간 곳이 없습니다. 베드로마저도 멀찍이 따라갔으며 그나마 세 번씩이나 예수를 모른다고 저주하기까지 덜어지는 과정을 보게 됩니다. 모두 다 흩어졌습니다.

군중들을 봅니다. 벳새다에서 그들은 예수님의 놀라운 이적 행하심을 보고 "임금이 되어 주소서" 하며 예수님을 저들의 임금으로 모시려고 하였습니다. 그러나 바로 이 군중들이 예루살렘에서는 빌라도에게 예수를 못 박아 죽이라고 아우성친 것입니다.

이 군중이 아니었던들 우유부단했던 빌라도가 결코 예수

에게 사형 언도를 하지는 않았을 것입니다. 그가 예수의 무죄함을 알고 놓아 주기 위하여 애쓴 흔적을 많이 봅니다. 그러나 죽이라고 외치는 군중들의 아우성에 빌라도는 꺾였고, 군중들이란 바로 벳새다에서 예수님을 임금으로 모시려고 했던 그 무리들이었습니다. 감정에 휩쓸려 들뜬 무리들을 볼 수 있습니다.

그러면 지성은 어떻습니까? 예수께서 들판에 모인 무리가 배고파하니 무엇인가 먹을 것을 주어야겠다고 말씀하시자 빌립이 나와 그 무리를 파악했습니다. 5천 명이 넘는 많은 무리를 재빨리 파악한 빌립은 한 사람에 빵 하나씩 준다 하여도 200데나리온은 있어야겠다고 컴퓨터와 같이 계산하여 말씀드리게 됩니다. 여기서 빌립의 그 날카롭고 판단력 있는 지성을 엿볼 수 있습니다. 그러나 이 지성이 곧 이 무리들의 배고픔을 해결해 줄 수는 없었습니다.

그러나 여기 안드레가 있었습니다. "이것이 무엇이 되겠습니까마는……." 바로 이것이 5천 명 넘는 무리가 배불리 먹고 열두 바구니나 남는 결실을 거두는 근거가 된 것입니다. 신앙의 의지적인 결단이 있는 곳에 놀라운 하나님의 역사가 있습니다. 빌립의 지성, 안드레의 신앙, 우리는 어느 쪽입니까.

베드로의 실패 원인은 어디 있었습니까? 그는 3년씩이나 주를 따랐으며 옥에도 같이 가고 죽는 데에도 함께하겠다고 다짐했고, 주는 그리스도시요 살아 계신 하나님의 아들이라고 훌륭한 신앙 고백을 하기도 하였습니다. 입은 살았으나 그의 생활은 철저하게 주님과 가까이 있지를 못했습니다.

"예수를 …… 멀찍이 따라가니라."

교회 안에 있을 때의 예수, 설교 들을 때의 예수, 그리고 교회 밖에서, 나의 가정에서, 나의 직장에서 우리는 너무도 예수님을 멀찍이 두고 있습니다. 예수와 나와의 거리! 이것은 우리 생활에서 실패와 성공의 원인이 되는 것입니다.

성공적인 신앙생활을 위해서는 방향 또한 중요합니다.

실패한 베드로와 실패한 가룟 유다. 예수를 저주한 자와 예수를 판 자. 누구의 죄가 더 크고 누구의 죄가 더 작다고 판단할 수 없습니다. 그러나 똑같은 죄의 자리에서 베드로는 승리를 할 수 있었고, 가룟 유다는 제 갈 길로 가고 말았습니다.

방향 전환(메타노이아)! 가룟 유다는 자기의 지은 죄만을 바라보고 죄의 그림자 속에서 절망하며 자기의 죄를 자기가 해결해 보려고 안간힘을 쓰다가 결국은 자살로 끝을 내었습니다. 똑같은 입장에서 베드로는 180도 방향을 전환했습니다. 자신의 어두운 죄를 깨닫는 순간 그는 사랑의 예수님을 바라보았습니다. 예수께서 맡아 주시고 책임져 주시고 대속해 주신 그 사랑의 진리를 믿고 베드로는 예수 앞으로 자기 자신을 돌이켰습니다. 십자가의 도를 밝은 데서 바라볼 수 있었던 베드로.

일곱 번씩 일흔 번이라도 용서해 주시길 즐겨 하시는 예수님의 그 사랑의 교훈을 나의 것으로 받아들이는 긍정적인 생활의 자세, 이것이 방향 전환 곧 죄에서 사랑으로 돌아서는 회개입니다. 회개는 우선 자신의 죄를 깨달아야 합니다. 그러나 그 죄를 자신이 해결해 보려고 씨름해서는 안 됩니다. 인간의 수단과 방법과 애씀을 가지고는 결코 해결할 수 없는 죄입니다. 이 죄를 우리는 예수 앞에 내놓아야 합니다. 십자가 앞에 던져야 합니다. 그럼으로써 내가 사는 것입니다. 죄의 값은 온전히 사망입니다. 그러나 그 사망을 내가 붙들고 씨름할 것이 아니라 사망을 이기신 예수님의 사랑 속에 나를 던질 때 그 사랑으로 이길 수 있는 것입니다.

쿼바디스, 곧 주여, 어디로 가시나이까? 이것은 질문이 아닙니다. 몰라서 물어보는 것이 아닙니다. 앞서가신 예수님을 내가 따르겠나이다, 예수 안에서 내가 할 수 있습니다, 예수께서 가시는 그 길을 나도 가겠습니다라고 하는 의미가 포함되어 있는 말입니다.

> "……알지 못하노라고 아직 말하고 있을 때에 닭이 곧 울더라 주께서 돌이켜 베드로를 보시니……"(눅 22:60~61).

우리가 막 넘어지는 찰나에, 우리가 실패한 바로 그 순간에, 우리가 죄를 지은 그때에 곧 주께서 돌이켜 우리를 바라보아 주시는 것을 우리는 압니다.

'알반' 언덕에서 주님을 만난 것이 아닙니다. 이미 새벽닭 우는 그 어두운 새벽에 주께서 돌이켜 베드로를 보시니 그때 주님을 만난 것입니다. 돌이켜 보신다는 것은 앞서가신다는 것입니다. 앞서가시다가 못 따라오고 넘어져 버린 베드로를, 어두움 속으로 떨어진 베드로를 돌아보아 주신 것입니다.

"은혜는 깨닫는 데 있고, 능력은 행하는 데 있고, 축복은 곱셈으로 옵니다."

무슨 말입니까? 은혜는 깨달아 아는 것입니다. 하나님의 섭리를 깨닫고, 예수의 사랑을 깨닫고, 나를 향하신 하나님의 계획을 깨닫고……. 말씀 듣는 중에 깨닫고, 읽는 중에 깨닫고, 생활 가운데서 깨닫는 것! 그것이 바로 '은혜'입니다.

그러나 능력을 얻으려면 행하여야 합니다. 능력은 행하는 데서 옵니다. 현대인의 생활을 벽과 쿠션 사이에서 방황하는 생활이라고 표현한 것을 보았습니다. 벽은 한계점입니다. 절망입니다. 더 갈 수 없는, 부딪치는 문제점입니다. 인간은 개인 문제, 가정 문제, 국가 문제 등 온갖 문제점을 제각기 가지고 몸부림치고 있습니다. 그런데 이 문제를 해결할 생각은 않고 그냥 쿠션에, 안락의자에 주저앉아 버리고 마는 것을 봅니다.

"에라 모르겠다. 될 대로 되어라." 나는 아직 괜찮으니까, 내게 직접적인 손해가 없으니까 안락의자, 곧 개인주의에 묻혀 버립니다. 따라서 해결의 길을 찾지 못하고 항상 불안한 상태에 있는 것이 바로 현대인의 고뇌입니다.

다가서야 할 한 걸음을 남겨 놓고 주저앉아서는 안 됩니다. 정지하여서도 안 됩니다. 하루 중에서 가장 어두움이 짙은 때는 곧 새벽입니다. 동트기 바로 그 직전이 가장 어두운 법입니다. 은총의 문턱에서, 축복의 문턱에서, 승리의 문턱에서 마지막 한 걸음을 내디뎌 행하는 우리들이 되어야 할 것입니다.

밀레의 유명한 작품들 가운데 〈첫걸음〉 역시 농촌의 소박한 농가 앞마당에서 이제 막 간신히 서기 시작한 아가에게 어머니가 다가와서 "아가, 이리 온" 하며 손을 내밀고 있는 장면의 그림입니다.

비틀거리는 아가의 약함을 엄마는 알고 있습니다. 자칫하면 넘어져 다칠 것도 엄마는 알고 있습니다. 그러나 그냥 가서 덥석 안아 주는 것이 아니라 이만큼 떨어져 서서 "이리 온" 하며 손을 내밀고 있는 것입니다. 넘어지기 전에 먼저 엄마의 따뜻한 손이 아가를 받쳐줄 것이기 때문입니다. 한 걸음을 내디뎌야 합니다. 옮겨지는 발걸음에 축복은 곱셈으로 옵니다. 덧셈이 아닙니다. 내가 한 걸음 내디디면 한 걸음의 축복이, 세 걸음만 내디디면 아홉 걸음의 축복이, 네 걸음 내디디게 되면 열여섯 걸음의 축복이 내게 임하는 것입니다.

신앙의 의지! "주여, 이것이 무엇이 되겠습니까마는……" 주께서 말씀하시니 주께 드립니다. 주께서 말씀하시니 걸어보겠다고 순종의 한 걸음을 내딛는 여러분이 되시기를 축원합니다. 아멘.

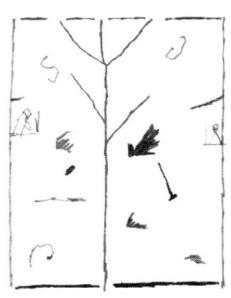

일체의 비결

| 빌립보서 4장 11~20절 |

"내가 궁핍하므로 말하는 것이 아니니라 어떠한 형편에든지 나는 자족하기를 배웠노니…… 하나님 곧 우리 아버지께 세세 무궁하도록 영광을 돌릴지어다 아멘"

"어떠한 형편에든지 나는 자족하기를 배웠노니……"라는 말씀에서 '자족'이란 '스스로 만족'이라는 철학적인 술어입니다. 인생은 모두 각자의 철학이 있습니다. 헬라 철학의 대표라 할 수 있는 스토아 철학은, 어떠한 상황에 부딪혀도 이를 초월하여 만족할 수 있는 자족의 생활이야말로 철학의 최고 목표라 하였습니다.

이를 이루기 위해서는 첫째, 욕망을 없애야 합니다. 욕심이 없으면 무슨 일에든지 만족하게 된다고 주장합니다. 그래서 디오게네스는 알렉산더 대왕이 찾아와 그에게 욕망이 무엇이냐고 물었을 때 "대왕께서 지금 서 계신 자리에서 한 발자국만 비켜 주십시오. 나의 햇빛을 가리셨기 때문입니다. 이것이 저의 욕망입니다"라고 하였습니다.

둘째, 감정을 버려야 합니다. 불행, 고통, 행복, 슬픔 등은 모두 감정에 의한 것이니 이러한 감정을 죽여 버리면 자족의 경지에 이를 수 있다고 합니다. 그래서 에픽테토스(Epiktetos, 55~135년경, 후기 스토아학파의 철학자)는 그의 친구들이 시험하기 위하여 다리를 잡아 비틀고 꺾어도 전혀 아픔을 느끼지 않는다고 하다가 결국은 "글쎄, 그러기에 내가 그렇게 심하게 잡아당기면 부러질 거라고 하지 않았어" 하며 부러진 다리를 가지고도 태연해했다고 합니다.

서양뿐 아니라 동양 사상이야말로 바로 이런 경지를 초월의 경지라 하여 인격 수양의 최고봉으로 여겼습니다. 동양의 도(道)는 모두 이러한 경지를 목표로 하고 있습니다. 그러나 이는 철학적 학문의 목표는 될 수 있을지 몰라도 인간의 참 근본 생활의 궁극이 될 수는 없습니다. 이것은 인격이 아닙니다. 철학과 신학의 차이가 여기 있습니다.

물론 신학은 철학을 근거로 하고 있습니다. 그러나 분명한 차이점을 우리는 바울을 통하여 볼 수 있습니다. 바울은 그의 욕망과 감정을 이 철학적인 목적으로 인하여 죽이지도 않았으며 말살해 버리지도 않았습니다.

"그러나 무엇이든지 내게 유익하던 것을 내가 그리스도를 위하여 …… 모든 것을 잃어버리고 배설물로 여김은 그리스도를 얻고 그 안에서 발견되려 함이니……"(빌 3:7~9).

더 나은 것을 갖기 위하여 이미 가졌던 것을 버리는 것을 의미합니다. 분명히 알 것은 욕망을 버리는 것이 아닙니다. 욕망은 그대로 있되 더 좋은 것을 원하는 욕망으로 변한 것뿐입니다. 욕망을 없이한 것이 아니라 더 좋은 것, 주 그리스도를 얻기 위하여 그의 욕망을 한 차원 높인 것을 봅니다.

그는 또한 감정이 풍부한 사람이었습니다. 이 감정을 죽이지 않고 오히려 주님을 사랑하는 마음으로 벅찬 기쁨 속에 그의 감정을 승화시킨 것을 봅니다.

신학과 철학의 차이점이 여기 있습니다. 없이하고 죽여 버려서 평안을 얻는 것이 아니고, 더 나은 것을 바라는 욕망으로 가득 채우고 감정을 오히려 더욱 한 차원 높여 풍족히 승화시켜 나가는 이것이야말로 신학입니다.

욥은 어려움 속에서도 찬송을 하였다고 하여 흔히들 그를 가리켜 신앙의 대표자로 내세우기도 하지만 그의 참신앙은 그것이 아님을 욥기를 통해 알 수 있습니다. 고난 속에서 찬송한 것은 그의 신앙의 제1장일, 곧 신앙의 시작, 첫걸음일 뿐입니다.

욥기 1장에서 욥은 10남매를 다 잃고 가산을 다 잃고도 "주신 이도 여호와시요 거두신 이도 여호와시오니 여호와의 이름이 찬송을 받으실지니이다" 하며 찬송한 것이 사실입니다. 그러나 이는 욥의 신앙 제1보에 불과합니다.

욥기 2장에 보면 자신의 몸이 병들고 아내마저 저주하고 떠나가자 그는 "하나님께 복을 받았은즉 화도 받지 아니하겠느냐 하고 이 모든 일에 욥이 입술로 범죄하지 아니하리라"고 다짐을 합니다. 입술로 죄를 짓지 않겠다는 것은 그 가슴 속에는 불만이 있다는 얘기입니다.

또한 3장에서는 자신을 수태한 어머니를 저주하고 자기의 생일을 저주하고 인생을 저주할 정도로 신앙의 밑바닥까지 떨어진 것을 볼 수 있습니다.

욥도 인간이었습니다. 그 역시 다른 사람과 똑같이 아플 때는 아프고, 슬플 때 슬프고, 외로울 때 외롭고, 괴로울 때 괴로워하는 것입니다. 그런데 욥이 훌륭한 것은 여기서 주저앉지 않고 멈추지 않은 점입니다. 그의 이런 신앙이 오늘날 보석같이 빛나는 것입니다.

그리하여 19장에서 다시 하나님을 발견하게 됩니다. 구속자! 유일하게 살아 계셔서 나를 사랑하시는 그 하나님을 새롭게 알게 되고 23장에 가서 "나를 단련하신 후에는 내가 순금같이 되어 나오리라" 하고 신앙을 고백하는 것을 봅니다. '나의 이 고통은 사랑의 연단이다, 내 속에 있는 돌멩이와 같은 것을 모두 제거하시고 오직 금만이 빛나게 하기 위한 하나님의 섭리이다, 나는 지금 용광로 속에 있는 것이다'라고 하는 깨달음입니다.

23장에서 다시금 그의 신앙이 더 높은 차원으로 승화된 것을 봅니다. 지금은 용광로 속이며 장차 금이 되는 것이 아니라 이미 순금이 되고 있으며, 영혼에 생명의 빛을 비추시는 것을 느끼고 있습니다.

그리고 42장 5절에서 그는 이렇게 찬송합니다.

"내가 주께 대하여 귀로 듣기만 하였사오나 이제는 눈으로 주를 뵈옵나이다."

백문이 불여일견(百聞不如一見)이라는 속담이 있습니다. 백 번 듣는 것보다 한 번 보는 것이 낫다는 얘기입니다. 귀로 듣기만 했었는데 이제는 보았습니다. 만났습니다. 하나님 만나는 이 즐거움을 욥은 체험하게 된 것입니다. 이것이야말로 욥의 참신앙이며 오늘 배워야 할 교훈입니다.

"그는 근본 하나님의 본체시나 하나님과 동등됨을 취할 것으로 여기지 아니하시고 오히려 자기를 비워 종의 형체를 가지사 사람들과 같이 되셨고 …… 죽기까지 복종하셨으니 곧 십자가에 죽으심이라 이러므로 하나님이 그를 지극히 높여 모든 이름 위에 뛰어난 이름을 주사 하늘에 있는 자들과 땅에 있는 자들과 땅 아래에 있는 자들로 모든 무릎을 예수의 이름에 꿇게 하시고 모든 입으로 예수 그리스도를 주라 시인하여 하나님 아버지께 영광을 돌리게 하셨느니라" (빌 2:6~11).

예수님은 하나님 바로 그분이셨으나 그는 세상으로 낮아지고 죄인이 되어, 죄의 값인 사망을 맞기까지 비천해지셨습니다.

그러나 이 비천은 바로 그의 영광이었습니다. 그는 다시 살아나 하나님의 증인이 되셨으며 하나님께서는 그를 높여 많은 사람으로 하여금 그의 이름 앞에 무릎을 꿇게 하셨습니다. 이것을 깨달은 바울은 "내게 능력 주시는 자 안에서 내가 모든 것을 할 수 있느니라"(빌 4:13)고 담대히 말할 수 있었습니다.

그렇다고 해서 될 대로 되라 하고 사는 대로 살자는 것이 신앙은 아닙니다. 인간에게는 욕구가 있습니다. 가난한 사람은 부유해지고 싶은 욕구가 있고, 무식한 자는 배움의 욕구가 있으며, 더 나은 내일을 위한 욕망이 있음으로 해서 모든 문화가 이루어지고 과학은 발전하며 학문은 정진하는 것입니다.

이 욕구는 절대적으로 필요한 것이며 경시해서는 안 됩니다. 가난하다고 이를 원망하거나 불평하지 말고, 부하다고 교만하지도 말 것이며, 어려움 속에서 좌절하지 않는 것이 중요합니다.

우리가 생활과 신앙 사이에서 오는 갈등을 이길 수 있는 비결은 참 사랑하는 마음입니다. 철학적인 견해에서 신학적인 견해로, 비천과 풍부함과 자유함에서는 신학에서 신앙으로 그 차원을 옮겨 하나님 사랑하는 마음으로 생활할 때 우리 생활을 승리로 이끌 수 있습니다. 신앙이란 바로 하나님을 사랑하는 마음입니다.

깨달았거든 이제 곧 내디뎌야 합니다. '이다음에 차차'가 아니고 지금 곧 행하는 것입니다. 저는 항상 말씀드리고 있습니다.

"은혜는 깨닫는 데 있고, 능력은 행하는 데 있고, 축복은 곱셈으로 온다."

하나님께서는 우리가 감당할 수 없을 때는 모든 것을 다 이루어 주십니다. 그러나 하나님을 알고 그 능력을 체험하게 하신 후에는 우리 스스로 하기를 원하십니다.

"홍해는 갈라 줄 터이니 요단강은 직접 밟아라! 광야에서는 만나를 거저 줄 터이니 가나안에서는 땀 흘려 농사지어 열매를 거두어라!"

경제적이라 함은 흔히 물질을 의미하기도 하지만 말씀을 보면 마음을 의미하고 있음을 알 수 있습니다.

"······겉치레로 하나 참으로 하나 무슨 방도로 하든지······"
(빌 1:18).

주고받는 즐거움을 행하는 것, 주고받는 물질이 중요한 것이 아니고 주면서 즐거운 마음과 받으면서 고마운 마음이 중요하다는 말씀입니다.

이런 옛 얘기가 있습니다. 어느 선비가 깨진 엽전을 버리지 않고 오히려 엽전 두 닢을 주고 때웠더랍니다. 이를 본 친구가 차라리 그냥 버리면 한 닢만 없어질 것을 때우느라고 두 닢 들었으니 결국 한 닢 손해 본 것 아니냐고 했더니 선비는 말하기를, "이 한 닢을 내가 버리면 영원히 없어져 버리고 말지만 때워서 쓰게 되었으니 없어지지 않았고, 때우느라고 든 두 닢 역시 때워 준 사람에게 주었으니 그것도 죽은 것이 아니고 살아 있어 결국은 세 닢이 모두 다 산 것 아니겠소"라고 하더랍니다. 마음의 넓이, 시야의 넓이가 중요합니다.

인류 역사의 시작에 카인은 아벨을 죽였습니다. 이는 질투로 인한 것이었습니다. 하나님께서 "네 아우 아벨이 어디 있느냐" 하시자, 카인이 "내가 내 아우나 지키는 자입니까?" 하고 무책임한 상태에 있는 것을 봅니다. 우리는 흔히 이 카인과 같은 상태에 있을 때가 많습니다. 내 이웃, 내 형제들이 나로 인하여 상처받는데도, 내가 그들의 신앙의 길을 막아서고 있으면서도, "내가 내 이웃이나 지키는 자입니까?"라고 변명합니다.

그런가 하면 또 이런 사람이 있습니다. 아무리 해도 죄를 전혀 발견할 수 없었음에도 불구하고 대중들의 폭동이 두려워서 인기를 위하여 사형을 언도하고 대야에 손을 씻으며

"내게는 책임이 없다"고 한 빌라도와 같은 사람입니다. 이웃끼리, 성도끼리 우리는 서로 참사랑을 주고받아야 하겠습니다.

제2차 세계대전이 끝난 독일의 어느 교회에서 전쟁으로 인해 부서진 곳을 재건하는 중에 마당에 있는 예수님 석상의 부러진 팔은 그냥 두자는 의견이 나왔습니다. 이유는, 이 전쟁이 우리 독일인에 의해 일어났으니 예수님의 부러진 팔을 보며 이는 우리 때문이라는 책임을 항상 느끼고, 또한 부러진 예수님의 팔을 내가 대신해 드려야겠다는 각오를 새롭게 하기 위함이었습니다.

지금도 그 교회를 찾는 이가 있어 어찌해서 예수님 석상의 팔은 고치지 않느냐고 물으면 "바로 여기 있기 때문입니다" 하며 각자의 팔을 대신 내밀어 보인다고 합니다.

책임을 지는 마음, 내 팔을 예수님 팔 대신 드리는 거기에 놀라운 능력의 역사가 일어나는 것입니다. 일체의 비결이 여기 있습니다.

"내게 능력 주시는 자 안에서 내가 모든 일을 할 수 있느니라."

아직 늦지 않았다

| 마태복음 27장 5절 |
"유다가 은을 성소에 던져 넣고 물러가서 스스로 목매어 죽은지라"

헤밍웨이의 소설 『누구를 위하여 종은 울리나』의 첫머리에 이러한 글이 쓰여 있습니다.

"그러므로 묻지 마라. 누구를 위하여 종이 울리느냐고. 그것은 그대를 위하여 울리고 있는 것이기에."

예루살렘에 울려 퍼지는 종소리를 예루살렘 시민들은 귀 넘겨 들었고, 가룟 유다는 자신 것으로 깨닫지 못했습니다. 그는 자기를 사랑하던 스승을 은 30냥에 팔았고 입맞춤으로 넘겼습니다. 그는 위선자요 배신자요 탄역자입니다. 그러나 그에게도 들려온 종소리, 그것이 자신을 위한 것인 줄 알았다면 그에게 주어진 기회를 그렇게 허무하게 잃어버리지는 않았을 것입니다. 그가 생활했던 환경을 살펴보면 정치적으로는 로마의 식민지 아래 있었고, 종교적으로는 두 제사장의 혼선이 있었습니다.

메시아를 갈망하는 간절함이 극에 달했을 때, 가룟 유다는 캄캄한 암흑 속에서 샛별을 찾듯이 기쁨으로 메시아를 만났습니다. 그의 제자가 되어 가르침을 받았습니다. 남달리 민감하여 반응도 빨랐고, 주님의 고결한 인격과 귀중한 말씀에, 또 뜨거운 사랑 속에 흠뻑 젖어 들 수가 있었습니다. 진심으로 선생님을 존경했고 사랑했으며 맡겨진 일에 열심을 다했습니다.

그의 성격대로 무슨 일에나 흐리터분하지 않았고 분명하고 치밀하여 신임을 얻을 수도 있었습니다. 주의 전대를 맡아 재정 관리를 책임졌으니 오늘도 어느 단체에서나 재정 책임자의 신상에 신중을 기함을 볼 때 가룟 유다가 얼마나 인정을 받았는가 하는 것을 충분히 짐작할 수 있습니다.

또 그는 과감한 결단력을 가진 사람이었습니다. 잘못되었다고 깨달았을 때 우물쭈물 흐려 보지를 않았습니다. 스승을 배신했다고 생각했을 때 생명같이 사랑하던 돈을 던져 버릴 수 있었고, 이것으로 해결되지 않는 줄 알았을 때는 자신의 생명마저 끊어 버리기를 주저하지 않았습니다. 그는 감당할 만한 모든 소질을 갖춘 사람으로서 새 세계를 바라보며 힘차게 일어섰습니다.

니체의 말을 빌려 올 것도 없이, 그는 "인간적인 너무나 인간적인" 그러기에 끝없는 동정을 살 만한 면을 가지고 있습니다. 흔히 말하듯이 돈을 위해서는 사랑도 일도 스승도 짓밟아 버리는 그런 추하고 파렴치한 사람은 아니었습니다.

그의 과오를 뉘우치며 몸부림치는 양심을 잡고 괴로워하는 상을 볼 때 충분히 동감할 수 있습니다.

가룟 유다는 돈궤를 맡았기 때문에 축낸 돈을 채워 보려고 애쓴 면을 성경에서 찾을 수 있습니다. 옥합을 깨뜨리는 마리아에게 그것을 은 300데나리온에 팔아 가난한 자를 구제하는 것이 낫겠다고 한 적이 있습니다. 물론 가난한 자를 위한 것만은 아닐 것이고, 300데나리온을 가지면 이러쿵저러쿵 얼마는 도와주고 나머지 얼마는 전대에 넣어 융통성 있는 재정 관리를 할 수 있겠는데…… 하고 생각했을 가룟 유다를 나무라십니까?

나는 얼마 전에 나라의 중책을 맡고 있는 한 공무원과 대화를 나눌 기회를 가졌습니다. 여러 가지 현실적인 부패성에 대해서 얘기가 오고 갔을 때 그는 이렇게 말했습니다.

"만약 우리나라의 전 공무원이, 전 회사원이, 그리고 전 국민이 자기의 정상 수입만을 가지고 생활한다면 국민의 90퍼센트 이상이 그 생활에 결국 질식하고 말 것입니다. 선물이라고 하는 이름, 교제비라고 하는 미명, 혹은 출장을 따라서, 구매계는 구매계대로, 판매원은 판매원대로 제 나름의 직책에 따른 부수입이 남모르게 있는 그것이 오히려 생활에 귀한 뒷받침이 되어 온 것이 사실이라고 하면 굳이 공무원만 나무랄 수는 없지 않겠습니까?"

나는 지금 그의 말이 당연하다거나 또는 가룟 유다를 잘했다고 두둔하는 것이 아닙니다. 다만 우리 모두의 생활이 가룟 유다보다 결코 낫지 못하고, 또한 직책으로 인한 부정에 대해 약한 인간이라고 해서 정죄할 수 없는 점을 말하고 싶은 것입니다.

성경은 그가 열심당원이었다고 말하고 있습니다. 애국당이란 말입니다. 적어도 그가 애국당에 가입하고 나라를 사랑하는 동지들과 국가의 장래를 의논했다면, 예수께 바라던 기대가 빗나간다고 생각되었을 때 예수에 대한 기적의 사건을 이루게 하려는 의도에서 그와 같은 일을 순간적으로 저질렀다고 생각할 수도 있습니다. 그러기에 그는 잘못을 깨닫자 돈을 내던지고 생명까지도 내버리는 데 주저하지 않았던 것입니다.

예수께서 왕 되시는 날에 '나는 좌정승, 나는 우정승' 시켜달라고 요한과 야고보 두 형제가 예수께 와서 부탁하고 사정한 것이 사실이고 보면, 유다가 예수께 걸었던 그 꿈이 굳이 유다에게만 한정된 나쁜 의도였다고 볼 수는 없을 것입니다.

"죽음은 가장 깨끗하고 철저한 자기 청산"이라고 오늘도 실존주의자들이 말하고 있듯이 자기 책임을 회피하지 않고 생의 애착에 비굴하게 매달리지도 않고 깨끗하게 스스로의 목숨을 끊을 수 있었던 가룟 유다는 어떤 면에서 양심적이고 의리 있고 책임감이 강한 사람이라고 할 수 있을 것입니다. 오늘날 몇 푼 안 되는 금전에 의리를 팔고 체면을 손상시키면서도 믿음 되는 신앙생활을 한답시고 교회를 출입하는 소위 교회 교인들…… 가롯 유다가 으히려 이들을 비웃고 있지나 않을지 모르겠습니다.

인간적인 견해에서 가롯 유다를 변호해 보았습니다. 왜? 바로 나이기 때문입니다. 우리 모두 내 속에서 가롯 유다를 발견할 수 있어야 되지 않을까 생각해 봅니다. 그러나 오늘까지 가롯 유다는 세상에 나지 않았으면 좋았을 악인의 대명사를 벗어나지 못하고 있습니다. 그것은 그가 도적이었기 때문이 아닙니다. 스승을 팔았기 때문이 아닙니다. 주어진 최상(最上)의 기회를 도외시해 버린 까닭입니다. 막다른 길목에서, 두드리라는 음성에 두드려 보지 않았고 밀쳐 보라는 담장을 밀쳐 보지 않았던 것입니다. 이 점이 가롯 유다의 실수라면 이는 돌이킬 수 없는 영원한 실수입니다. 울려오는 종소리가 그는 자신을 위해 울리는 사랑의 메아리인 줄 깨닫지 못했던 것입니다.

무서운 행악자가 십자가 위에서 예수를 바라보았습니다. 그 순간 그는 마지막 기회를 잡았습니다. "내가 진실로 네게 이르노니 오늘 네가 나와 함께 낙원에 있으리라." 왜 가롯 유다에게는 이런 기회가 막혔더냐는 말입니다.

베드로의 배신을 우리는 또 생각합니다. 나는 베드로의 배신이 가룟 유다의 죄보다 가볍다고 볼 수 없습니다. 그러나 그는 주님의 사랑의 눈동자를 잡을 수 있었던 것입니다. 땡그랑 땡 하고 금속성으로 울려 퍼지는 종소리가 아니라, 닭 우는 소리를 통해서도 베드로는 사랑의 음성을 들을 수 있었던 것입니다. 그는 남은 평생 동안 닭이 울 때마다 뼈저린 뉘우침을 느꼈을 것이고 결국 십자가를 거꾸로 지기까지 승리의 최후를 마쳤습니다.

아버지를 등지고 멀리 타향으로 가서 소유를 탕진해 버린 탕자는 돼지우리의 쥐엄 열매로도 배를 채울 수 없는 신세에 떨어졌을 때 우선 죽음을 생각해 볼 수 있었을 것입니다. 그렇지 않으면 도둑질이나 강도 등의 어떤 방법을 써서라도 자신의 처지를 회복하려고 일확천금을 노리는 계획을 세울 수 있었겠지만, 그러나 그는 사랑의 종소리를 자신을 위한 것으로 들었습니다.

"아버지여, 나를 품꾼의 하나로만 여겨 주십시오."

그가 집으로 발걸음을 돌렸을 때, 아버지는 먼 데서부터 아들을 보고 맨발로 뛰어나와 아들을 껴안고는 새 옷을 갈아입히고 동네 사람들을 모아 잔치를 베풀었다는 예화를 주님께서 들려주시며 교훈했을 때 어찌 주님의 똑똑한 제자 가룟 유다가 그냥 지나쳤겠습니까? 분명히 들었고 뼈에 새겼을 것이나 "그것이 나다"라는 기회를 내 것으로 잡지 못한 것이 한입니다. 그렇습니다. 나 같은 죄인을 위해 주님은 오셨습니다.

"하나님이 세상을 이처럼 사랑하사 독생자를 주셨으니 이는 그를 믿는 자마다 멸망하지 않고 영생을 얻게 하려 하심이라"(요 3:16).

나도, 나도! 나 위해 울리는 종소리를 왜 못 들었는지! 아직 늦지 않았는데……. "주여!" 부르짖기만 했어도 주님은 베드로에게 향한 손길보다도 먼저 유다의 손을 잡고 당신의 귀한 일을 맡기셨을 텐데 이를 놓쳐 버리고 만 것입니다. 인간적인 동정은 살 수 있으나 하나님께 향한 신앙을 갖지 못했던 것이 천추의 한이 된 것입니다.

가룟 유다를 향해, 세상에 나지 않았다면 좋을 뻔했다고 하신 주의 말씀은 가룟 유다 개인을 향한 말씀이 아닙니다. 최상의 기회를 가졌으면서도 허술하게 도외시해 버리고 자기 판단대로 최악의 매듭을 맺은 자를 볼 때, 바로 그 최상의 기회가 없었더라면 좋을 뻔했겠다는 주님의 안타까운 말씀인 것입니다.

막다른 골목이나 막힌 담장이라도 내 판단대로 멈추지 말고 두드려 봅시다. 밀쳐 봅시다. 길은 뜻밖에 가까운 곳에 있습니다. 다가와 문을 두드리는 자를 위해 귀한 영광은 준비되어 있고, 주님의 사랑이 기다리고 있습니다. 지금이 바로 그 시간입니다.

부활절_ 나를 기념하라

| 고린도전서 11장 23~34절 |

"내가 너희에게 전한 것은 주께 받은 것이니 곧 주 예수께서 잡히시던 밤에 떡을 가지사 축사하시고 떼어 이르시되 이것은 너희를 위하는 내 몸이니 이것을 행하여 나를 기념하라 하시고 식후에 또한 그와 같이 잔을 가지시고 이르시되 이 잔은 내 피로 세운 새 언약이니 이것을 행하여 마실 때마다 나를 기념하라 하셨으니……"

예수님은 평소 생활에서 또한 그의 가르침을 통해서 겉치레나 형식을 대단히 싫어하고 배척하셨습니다. 그런데 유독 나를 기념하여 행하라고 명하신 형식적인 의례가 두 가지 있습니다. 그 하나가 세례이고 다른 하나가 성찬입니다.

세례는 중생한다, 입교한다 그리고 고백한다는 세 가지 뜻이 있습니다. 중생(重生)이란 글자 그대로 다시 태어난다는 뜻입니다. 모태에서 이 세상에 태어나는 것은 처음 태어난 것이며 영혼이 새로워지는 것을 중생이라 합니다. 하나님의 자녀로 다시 태어나는 것, 성령으로 거듭나는 것을 말합니다. 밤에 찾아온 니고데모와 예수님의 대화에서 중생에 대해 자세하게 가르쳐 주고 있습니다(요한복음 3장).

입교란 하나님의 자녀로 다시 태어난 자가 이제는 정식으로 하나님의 호적에 그 이름을 올린다는 뜻입니다. 하나님의 한 권속이 되고 그의 가족이 되고 주의 몸 된 교회의 한 지체가 된다는 뜻으로 다른 말로 표현하면 입적이 됩니다. 그래서 유아 세례를 받았거나 천주교에서 영세를 받은 자는 다시 세례를 주지 않고 입교 예식만 하는 것입니다.

"주는 그리스도시요 살아 계신 하나님의 아들"이라는 베드로의 고백 위에 교회는 세워졌습니다. 따라서 교회에 입적하는 경우 자신의 믿음이 없이는 안 되며 또한 이 믿음은 스스로의 고백에 의해 그 증거가 되는 것입니다.

하나님께 대하여 믿는다는 고백과 함께 많은 사람 앞에서 나는 예수를 믿는 사람이라고 하는 고백이 따르기에 세례는 부득이한 경우를 제외하고는 반드시 많은 교인이 지켜보는 가운데 행하게 됩니다. 나 중심의 옛 생활을 벗어 버리고 그리스도 중심의 새 생활을 시작하겠다고 하는 고백 의식이 바로 세례 의식입니다.

성찬은 그리스도의 지체가 된 그리스도인이 한자리에 앉아 그리스도와 한 몸이 된 것을 기념하여 행하는 예식입니다. 형제라 함은 한 부모의 피와 살을 받은 것이므로 그리스도 안에 한 형제가 된 감격을 안고 함께 구원받은 감격 속에 성찬에 임하는 것입니다.

　구약의 율법은 모세가 시내산에서 선포한 것입니다. 이 율법의 선포는 율법을 잘 지키면 복을 받고 못 지키면 화를 받게 된다는 단서가 있기 때문에 사람마다 처음에는 지키려고 열심히 노력하지만 그 과정에서 실패를 거듭하게 되어 오히려 이 율법이 있으므로 죄의 가책을 심각하게 느껴 하나님께로부터 멀어지게 되었습니다.

　"율법으로 말미암지 않고는 내가 죄를 알지 못하였으니……"
　(롬 7:7).

　이러한 갈등 속에 있는 인간을 위해 새 언약이 선포되었으니 이는 예수 그리스도께서 십자가 위에서 "다 이루었다"라고 선포하심 때문입니다. 이것이 새 언약입니다. 성찬의 깊은 뜻이 여기 있습니다. 주께서 내가 받을 고난과 내가 받을 벌을 대신 받으시고 내가 지켜야 할 율법을 다 이루셨으니 우리는 주의 피와 살을 기념하면서 감사함으로 성찬에 참례하는 것입니다.

　성찬은 주의 죽으심을 그가 다시 오실 때까지 전하는 데 있다고 바울은 가르치고 있습니다. 서로 사랑하는 사람끼리 헤어져 있는 경우 다시 만날 기약이 있는 사람은 외롭지 않고 다시 만날 기쁨에 설레는 것입니다.

"예수님은 다시 오신다. 만왕의 왕으로 다시 오신다. 사랑하는 착한 성도들을 영접하려고 다시 오신다."

"마라나타!"

"주님은 다시 오신다."

이 약속을 믿고 바라고 간직하여 다른 이에게도 전하고 증거하기 위해 성찬을 행하는 것입니다. 그래서 초대교회의 성도들은 만날 때마다 헤어질 때마다 "마라나타" 하며 인사를 대신했습니다.

그런데 성찬 참여는 어떻게 해야 합니까? 대한민국에 국법이 있으나 이 국법은 해석하고 적용하는 데 있어 판사마다 변호사마다 조금씩 다를 수가 있습니다. 예수께서 나를 기념하라고 명하신 이 성찬 의식도 실제 적용 면에서 초대교회에서는 많은 애로 사항이 있었던 것 같습니다.

"만일 누구든지 시장하거든 집에서 먹을지니……"(고전 11:34).

행하라 하신 주의 말씀대로 모일 때마다 성찬을 하고 순종하였지만 먹고 마시는 데 중점이 되어 오히려 덕스럽지 못한 일까지 있었던 듯싶습니다. 이와 같이 바울이 나무란 구절을 상기하며 날마다 먹고 마시던 초대교회를 지나 주일마다 성찬을 행하게 되었고 그것이 오늘의 주일예배로 발전했으며, 지금도 주일마다 성찬을 행하는 교회가 있습니다. 천주교회에서는 이 성찬에 신중을 기하다 못해 떡을 신자들에게 떼어 주면서 잔은 오직 신부만 마시게 되었습니다. 이와 같이 그 원칙과 적용 면에서 서로의 해석이 달랐으며, 역사가 흐름에 따라 변해 온 것을 알 수 있습니다.

루터와 칼뱅도 성찬 예식을 놓고 서로의 의견 차이로 심하게 논쟁한 것을 봅니다. 원칙은 불변하나 실행 면에서 서로 각각 해석이 다른 데서 온 결과라 할 것입니다. 그래서 우리는 오늘 성경 본문에 입각하여 바울이 가르친 원칙대로 우리 교회에서 시행되는 정확한 해석을 통하여 성찬에 참례하시기를 바랍니다.

성찬 전에는 자기를 살펴야 합니다. 자기를 살피는 것은 준비 과정을 둔다는 의미입니다. 즉 때를 정하고 신중하게 자기를 살피는 준비 과정을 가져야 합니다. 형제를 미워하는 마음이 있는 자는 먼저 그 미움을 제거하고, 죄에서 구원받은 감격이 약한 자는 새롭게 죄의 용서와 십자가의 사랑을 깨달아 뜨거운 감격 속에서 성찬에 참례할 마음의 준비 과정이 있어야만 하는 것입니다. 따라서 매주일 하는 것보다 특별한 주일을 정하고 하는 것이 좋습니다.

또한 주의 몸을 분별하라고 했습니다. 주의 몸을 분별

한다 함은 성찬의 떡은 내 죄로 인하여 찢겨야 할 내 피부 대신에 주님의 살이 찢기심을 기억하고 또한 내가 흘려야 할 피를 대신 흘려 주신 주님의 피를 기념하며 포도주를 마시는 것입니다. 주님과 나의 관계, 주님의 살과 나의 허물의 관계, 주님의 피와 내 속에 있는 죄의 관계를 올바르게 분별하여야 성찬에 참례할 수 있는 것입니다. 떡과 포도주를 아무 의미 없이 먹고 마시는 것은 나 위해 흘리신 피와 나 위해 찢기우신 살에 대해 무관심한 것으로 이러한 마음가짐을 가지고는 성찬에 참례할 수 없습니다. 주의 몸을 분별한 후에야 비로소 성찬에 참례할 수 있습니다.

주님은 또한 나를 기념하라고 말씀하셨습니다. 여기에 세례와 성찬을 의식화하는 그 중요한 근거가 있습니다.

소설 『뿌리』의 쿤타킨테를 여러분은 기억하실 것입니다. 아프리카의 한 젊은이가 노예 사냥꾼에게 잡혀 아메리카로 팔려 가서 7대를 내려오다 마침내 자유를 얻는다는 이야기입니다. 그러나 이 이야기의 주제는 한 노예가 자유를 찾기 위한 투쟁의 기록이 아닙니다. 노예였던 자가 자유를 찾은 것이 아니라 노예일 수 없는 용사의 가정, 명문의 가정이 노예로 팔렸기에 이 근거를 찾아 자랑스런 긍지 속에 자신의 뿌리를 찾은 것입니다. 노예일 수 없는 자신의 뿌리를 명확하게 판단하고 그 뿌리의 중요성에 대해 쓴 것입니다.

성찬도 바로 이러한 뜻이 있습니다.

> "너희가 그리스도 예수를 주로 받았으니 …… 그 안에 뿌리를 박으며"(골 2:6~7).

우리가 누구의 피로 죄사함을 받고 누구의 자손이며 우리의 뿌리가 어디에 있는가를 바로 깨닫는 데 성찬을 행하는 뜻이 있습니다. 물결 따라 흐르는 대로 되는 대로 살아서는 안 되는 뿌리 있는 긍지 있는 하나님의 자녀로서 마땅한 삶을 살아야 합니다.

그리스도의 피로 하나님의 자녀가 되어 하나님의 권속으로 입적이 된 자로서 생활을 올바로 영위해 나가기 위해 성찬에 참례하는 것입니다. 때로는 약해지고 때로는 넘어질 뻔하는 오늘의 생활 속에서 성찬에 참례하므로 우리를 구속시켜 주신 주의 살과 피를 항상 기억하며 우리를 이기게 하시는 그 이김 속에서 세상에서 오는 모든 유혹과 죄악으로부터 승리할 수 있는 힘을 얻기 위한 것입니다.

사회에도 법이 있듯이 그리스도인으로서 참되게 살기 위한 법이 있습니다. 이 법은 사형 선고도 없고 형무소에 가두는 법도 아니고 벌금을 부과하는 법도 아닙니다. 그러나 무서운 징계법이 있으니 그것은 성찬에 참례할 수 없는 법입니다. 당회에서 어느 신자에게 성찬 참례 금지령을 내리면 그리스도인으로서는 마치 사형 선고와 같은 무게를 지니게 됩니다.

우리 교회에서는 세례 교인에 한하여 성찬에 참례할 수 있게 되어 있습니다. 이것은 세례라고 하는 하나의 형식에 좌우되게 하려는 것이 아닙니다. 예수님의 피로 죽을 수밖에 없는 자신이 거듭나게 되었다고 하는 회개를 통한 뜨거운 감격을 가진 자만이 성찬 참례의 의의가 있기 때문입니다. 이 뜻깊은 날, 성찬의 참 의미를 깨닫고 감격 속에 구속의 은혜를 누리시기 바랍니다.

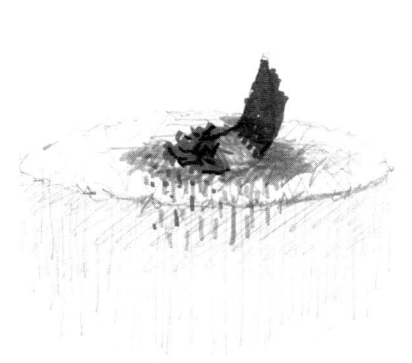

성령강림절_
오직 성령이 너희에게 임하시면

| 사도행전 1장 3~8절 |

"그가 고난 받으신 후에 또한 그들에게 확실한 많은 증거로 친히 살아 계심을 나타내사 사십 일 동안 그들에게 보이시며 하나님 나라의 일을 말씀하시니라 사도와 함께 모이사 그들에게 분부하여 이르시되 예루살렘을 떠나지 말고 내게서 들은 바 아버지께서 약속하신 것을 기다리라 요한은 물로 세례를 베풀었으나 너희는 몇 날이 못되어 성령으로 세례를 받으리라…… 오직 성령이 너희에게 임하시면 너희가 권능을 받고 예루살렘과 온 유대와 사마리아와 땅끝까지 이르러 내 증인이 되리라 하시니라"

한 나라에는 국경일이 있고 백성들 간에는 설날이나 추석 등의 명절이 있습니다. 마찬가지로 교회에도 절기가 있습니다. 그중 대표적인 것이 성탄절, 부활절 그리고 성령 강림절입니다. 오순절 다락방의 성령 충만함이 초대교회의 시작이라 할 때, 성령강림절은 바로 기독교회 창립 기념일이라고 볼 수 있는 귀한 절기입니다.

먼저 성령이 무엇인지 성령에 관하여 말씀을 드리면 성령은 성부·성자·성령의 삼위 중 한 위이십니다. 이 삼위는 따로 떨어져 있는 것이 아니고 한 분입니다. 삼위일체에 관하여는 이해하기 어려운 것이 사실이나 비유로 말씀드린다면 태양과 같다고 할 수 있습니다. 해는 그 본체 하나로되 햇빛이 있어 밝게 하고 햇볕이 있어 따뜻하게 합니다. 본체가 되신 성부 하나님이 계시고 우리의 죄를 구하시려고 햇빛으로 오신 성자 예수님, 그리고 우리의 마음을 따뜻하게 하시고 믿음을 주시고 하나님 사랑을 깨닫게 하시는 햇볕 되신 성령님이 계시니 그 본체는 태양이 하나인 것처럼 이 삼위는 일체인 것입니다.

성령강림절을 맞이하여 성령에 대해 살펴보는 시간을 갖겠습니다.

먼저 우리는 성령의 충만을 받아야 합니다. '성령의 충만을 받으라'는 말씀은 예수께서 승천하시기 직전에 성도들에게 약속하신 것입니다. 성령은 성령의 감화와 명령, 그리고 세례로 표현됩니다.

"그가 택하신 사도들에게 성령으로 명하시고"(2절).
"너희는 몇 날이 못되어 성령으로 세례를 받으리라"(5절).

성령으로 명하시고, 성령으로 세례를 받으리라는 말씀은 성령의 충만함을 의미합니다.

> "너희가 오른쪽으로 치우치든지 왼쪽으로 치우치든지 네 뒤에서 말소리가 네 귀에 들려 이르기를 이것이 바른 길이니 너희는 이리로 가라 할 것이며"(사 30:21).

이것이 성령이 감화하는 역사입니다. 보이지는 않지만 내가 잘못된 길을 갈 때 그 길이 잘못되었다고 소리 없는 음성이 내 귀에, 내 양심에 부딪힙니다. 시편에 보면 '사람이 존귀한 데 거하나 깨달음이 없으면 짐승과 같다'고 기록하고 있습니다.

동물과 사람의 차이가 여기 있습니다. 성령의 감화를 받아 깨달음을 갖는 것이 동물과 사람의 다른 점이며 이로써 사람은 만물의 영장이라 말하고 그 뜻은 영성이 있다는 것입니다. 그러므로 믿는 사람이나 안 믿는 사람이나 모두 사람인 까닭에 영성이 있으며, 누구나 성령의 감화를 받을 수 있습니다.

성령의 명령은 예수를 주라 시인하는 것입니다.

> "……또 성령으로 아니하고는 누구든지 예수를 주시라 할 수 없느니라"(고전 12:3).

즉 예수를 주라 시인한다는 것은 이미 그때 내 속에는 성령이 들어와 계시며, 성령으로 거듭난 이후의 역사라고 성경은 증거하고 있습니다. 이것은 성령의 감화와는 달리 똑똑하게 우리에게 명령하는 것입니다. 그래서 같은 일을 하더라도 그 사람에게 행함이 있을 때 그는 바로 성령으로 거듭난 사람이며 이는 성령이 명령하신 바에 의한 것입니다.

세례의 원뜻을 음미해 보면 우리는 새로운 사실을 발견하게 됩니다. 세례의 원어의 뜻을 살펴보면 굳어져서 단단해진 빵 조각을 국물에 담갔다가 꺼냈을 때 젖은 상태를 말합니다. 그러므로 우리가 세례를 받는다고 하는 것은 곧 세상의 정욕과 자의식으로 굳어진 굳은 빵과 같은 나를 예수의 피에 완전히 잠겨 푹 젖어 든 상태가 되어야 한다는 것입니다.

그러나 이 상태에서 만족할 수 없습니다. 성령의 감화를 받고 깨달아 성령의 명에 의하여 예수를 주라 시인하고 예수의 피에 세례를 받았지만 우리는 한 걸음 더 나아가 성령의 권능을 받아야 합니다.

바울은 육체에 가시가 있어 하나님께 고쳐 달라고 기도했습니다. 바울은 앉은뱅이도 일으켰으며 병든 자도 고치며, 죽은 자도 살리는 놀라운 능력을 행하였습니다. 그러한 바울이 자기의 병을 고쳐 달라고 기도했을 때 하나님께서는

"내 은혜가 네게 족하도다"라고 하셨습니다.

그는 평생 눈의 안질로 고생했습니다만 이 말씀에 바울은 깊이 깨닫고 "내가 약한 이때에 그리스도께서 강하게 역사하시니 나는 나의 약한 것을 인하여 오히려 자랑하리라" 하였습니다.

국물에 잠겨 축 늘어진 상태에서 자신은 죽어 버렸지만 그 속에서 그리스도의 강한 역사가 나타납니다. 어떤 의미에서는 세상에 대하여 바보가 되었을 때 그리스도의 능력이 나타나는 것입니다.

둘째, 우리는 성령의 검을 가져야 합니다.

> "……여호와께서 태에서부터 나를 부르셨고 내 어머니의 복중에서부터 내 이름을 기억하셨으며 내 입을 날카로운 칼같이 만드시고……"(사 49:1~2).

우리가 어려움을 당할 때, 낙심될 때 이 말씀은 칼이 되어 우리의 심령 속에 기억됩니다. 방탕한 길에서 하나님을 멀리하던 사람이 어느 날 주의 음성을 기억하고 참으로 나를 택하시고 사랑하시는 주의 사랑을 깨닫게 될 때 그 사람의 심령 깊숙한 곳에 새싹이 나고 새 역사가 이루어지는 것입니다.

그러므로 부모들이 자녀들에게 성경을 가르치고 그 말씀들을 마음속에 심어 주는 것은 매우 귀한 일입니다. 이는 자녀가 성장하여 설혹 잘못된 길에 서더라도 그 길에서 되돌아올 기회가 주어지는 씨앗을 심는 일이기 때문입니다. 성령의 검은 사명을 위해서도 대단히 필요합니다.

"하나님의 말씀은 살아 있고 활력이 있어 좌우에 날선 어떤 검보다도 예리하여 혼과 영과 및 관절과 골수를 찔러 쪼개기까지 하며 또 마음의 생각과 뜻을 판단하나니"(히 4:12).

말씀은 능력입니다. 혹 여러분이 전도를 할 때 잘 안 받아들이는 상대편에게 스스로 성경 말씀을 찾아 읽도록 한다면 여러분의 노력 없이도 성경 그 자체의 놀라운 능력으로 그 사람이 변화하는 체험을 하게 될 것입니다.

굳이 설명이 필요 없고 해석이 없어도 성경 말씀 속에는 혼과 영과 관절과 골수를 찌르고 쪼개는 힘이 있습니다. 그러므로 누가 큰일을 했다든지 큰 역사를 이루었다 함은 그가 역사한 것이 아니라 말씀을 가지고 역사한 그 말씀 속에 생명력이 있기 때문입니다.

성경은 사탄이 우는 사자처럼 삼킬 자를 두루 찾는다고 했습니다. 우리 주위에는 유혹의 역사가 많이 있는 것이 사실입니다. 때로는 천사같이 때로는 사자같이 우리를 유혹

합니다. 그러나 그 어떠한 경우에라도 말씀을 붙들고 있는 한 우리는 대적을 물리칠 수가 있고 승리할 수 있습니다.

예수께서 광야에서 시험을 받으실 때도 말씀으로 사탄을 물리치셨습니다. 마귀가 "네가 만일 하나님의 아들이어든 명하여 이 돌들로 떡덩이가 되게 하라"(마 4:3)고 하였을 때 주께서는 신명기 8장 3절의 말씀으로 이를 물리치셨습니다. "사람이 떡으로만 사는 것이 아니요 여호와의 입에서 나오는 모든 말씀으로 사느니라." 이에 마귀도 지지 않고 시편 91편 11~12절의 말씀으로 다시 도전합니다. "그가 너를 위하여 그의 천사들을 명령하사 네 모든 길에서 너를 지키게 하심이라 그들이 그들의 손으로 너를 붙들어 발이 돌에 부딪히지 아니하게 하리로다" 하며 성전의 높은 꼭대기에서 뛰어내리도록 유혹합니다. 이에 주께서는 "너희의 하나님 여호와를 시험하지 말고"(신 6:16)의 말씀으로 마귀의 시험을 물리치시고, 다시 "사탄아 물러가라 기록되었으되 주 너의 하나님께 경배하고 다만 그를 섬기라"(마 4:10) 하시며 말씀으로 승리하신 것을 봅니다.

그러므로 말씀도 좌우의 날 선 검이어야 합니다. 한쪽만 가지고는 넘어집니다. 우리가 말씀을 가지고 이길 때 마귀도 성경 말씀으로 도전했습니다. 성경이 마귀의 이용물이 되어서는 안 됩니다. 그러므로 우리는 성경을 알아야 합니다.

그런가 하면 첫 인간 아담과 하와는 하나님의 말씀을 자신에게 유리하도록 변경시켜 마귀의 유혹에 결국 실패하고 만 것을 알 수 있습니다. 하나님께서 말씀하시기를 "선악을 알게 하는 나무의 열매는 먹지 말라 네가 먹는 날에는 반드시 죽으리라"(창 2:17) 하셨는데 하와는 이를 자기 마음대로 수정하여 "너희는 먹지도 말고 만지지도 말라 너희가 죽을까 하노라"(창 3:3) 하였습니다. 반드시 죽으리라 하신 하나님의 말씀은 죽을까 하노라 하고, 먹지 말라 하신 말씀에는 만지지도 말라고 하셨다고 변경시켰습니다. 이것이 아담과 하와가 유혹에 넘어간 원인입니다.

셋째, 우리는 성령의 말씀을 들어야 합니다.

요한계시록에는 모두 일곱 교회가 나옵니다. 이 일곱 교회에 대하여 말씀하신 것에 공통점이 있습니다. 그것은 칭찬과 책망 그리고 책망 후의 축복입니다. 성령께서는 우리에게 우리의 재능을 깨닫게 하십니다. 내가 5달란트를 받았든지 3달란트를 받았든지 우리는 재능을 묻어 두지 말고 활용해야 합니다. 그러면 그리스도의 날에 칭찬과 존귀와 영광을 받습니다.

하나님은 하나님의 일을 하게 하기 위하여 여러분에게 각자에 맞는 특기를 주셨습니다. 가정을 위하여 교회를 위하여 사회를 위하여 우리는 우리에게 주신 특기와 재능을 잘 살려 열심히 활용해야 합니다.

그런데 주께서는 칭찬만 하시는 것이 아니라 때로는 책망도 하십니다.

"에브라임은 나의 사랑하는 아들 기뻐하는 자식이 아니냐
　내가 그를 책망하여 말할 때마다 깊이 생각하노라"(렘 31:20).

사랑하는 자를 책망하시며, 또 책망하실 때 깊이 생각하신다고 하셨습니다.

성경에 보면 가룟 유다가 주님께 책망받은 것이 없습니다. 오히려 베드로는 "사탄아 내 뒤로 물러 가라 너는 나를 넘어지게 하는 자로다"(마 16:23) 하셨으며, 이 벼락의 자식아 하시며 책망하셨습니다. 사랑받는 제자일수록 책망도 함께 받는 것입니다. 따라서 주께서 책망하실 때 우리는 이 책망을 귀하게 받아야 합니다. 책망 속에 감춰진 깊은 사랑을 깨달아 나의 행실을 고치며 순종하여 하나님의 뜻에 따라 생활할 때 우리는 하나님의 사랑하는 아들 에브라임이 될 것입니다.

칭찬과 책망뿐 아니라 믿는 자에게는 축복이 예비되어 있습니다. 마르틴 루터는 회초리와 사과를 함께 준비했다고 했습니다.

요한계시록 일곱 교회 중에 특수한 교회로 라오디게아

교회가 있습니다. 이 교회는 처음부터 책망으로 시작하고 칭찬은 없었으나 놀라운 복을 받습니다. 즉 '내가 이 모든 것을 겪은 후에 하나님 우편에 앉은 것처럼 네가 나와 같이 앉을 것'이라 하셨으니 이는 다른 여섯 교회에게 주어지지 않은 축복입니다.

   그러므로 우리가 때로는 하나님께서 나를 사랑하지 않으시는 것처럼 느껴지고 일마다 넘어지고 쓰러질 때가 있지만, 이를 나를 향한 하나님의 책망의 소리로 간직하고 내가 고쳐야 할 것은 고치고 바로잡을 때 놀라우신 하나님의 축복이 임하게 될 줄 믿습니다. 이것은 예비되어 있는 약속의 축복입니다.

송년 주일_
메네 메네 데겔 우바르신

| 다니엘 5장 25~31절 |

"기록된 글자는 이것이니 곧 메네 메네 데겔 우바르신이라 그 글을 해석하건대 메네는 하나님이 이미 왕의 나라의 시대를 세어서 그것을 끝나게 하셨다 함이요 데겔은 왕을 저울에 달아 보니 부족함이 보였다 함이요…… 그 날 밤에 갈대아 왕 벨사살이 죽임을 당하였고 메대 사람 다리오가 나라를 얻었는데 그때에 다리오는 육십이 세였더라"

성경에 보면 신약에서 한 곳, 구약에서 한 곳 번역하지 않고 원어를 그대로 옮겨 적은 곳이 있습니다. 신약에는 "엘리 엘리 라마 사박다니"이고, 구약에는 오늘 본문의 말씀인 "메네 메네 데겔 우바르신"입니다. 이 말은 아람어(시리아 지방, 메소포타미아에서 기원전 500년경부터 기원후 600년 무렵까지 고대 오리엔트 지방의 국제어로 사용되었으며, 현재는 시리아 및 이라크 일부 부족이 사용함)인데 가지고 있는 뜻이 너무 깊기 때문에 우리말로 번역하기 어렵습니다.

때는 B.C. 536년 바벨론 전성 시대입니다. 벨사살왕이 즉위하여 수리아, 유다 등 여러 나라를 쳐서 정복하고 승리하여 그 전승의 축하연에 그의 왕국에서 귀인 천 명을 불러서 잔치를 베풀고 있었습니다. 모든 사람이 승리의 기쁨에 흥겨워하고 있을 때 갑자기 불이 꺼지고 어둠 속에 사람의 손이 나타나 글씨를 써내려 갔습니다.

너무도 뜻밖의 일이라 거기 모인 모든 사람은 물론이거니와 그렇게 담대하고 용감한 벨사살왕도 성경에 의하면 얼굴빛이 창백해지고 오금이 떨려 무릎과 무릎이 맞부딪혀 떨었다고 했으니, 공포에 질린 모습들을 가히 상상할 수 있습니다. 그러나 그 글자를 아무도 풀어 내는 사람이 없었습니다. 그때 함께 있던 태후가 지혜로운 히브리 사람 다니엘을 천거하여 다니엘이 불려 오게 되었습니다.

다니엘은 하나님께 기도하고 그 쓰여진 글을 읽고 해석했습니다. 그 뜻은 '세고 또 세어 보고 저울로 달아 보니 모자라기 때문에 내가 다른 사람의 손에 넘기겠다'였습니다. 곧 그 나라 왕 벨사살에 대한 선고였던 것입니다. 그날 밤 벨사살왕은 죽임을 당하고 전성의 바벨론은 망했습니다. 이러한 사실을 통하여 역사적 교훈 세 가지와, 그 교훈을 현실적으로 각성하여 세 가지로 교훈을 삼고자 합니다.

먼저 역사적 교훈입니다.

첫째, 잔치와 재난입니다. 바벨론 전성 시대, 전승 축하연 바로 그 자리가 멸망의 절벽 직전이었다는 것을 벨사살왕은 몰랐습니다. 그곳에 모인 모든 사람이 몰랐습니다. 오늘 우리들의 생활도 마찬가지입니다. 우리가 간직하고 있는 이 소중한 현재 그다음에 무엇이 기다리고 있는지는 아무도 모릅니다. 우리는 인간적인 여건으로 사물을 판단합니다. 그러나 이러한 상식적인 판단으로는 뜻하지 않은 숨어 있는 재난을 찾아내지 못합니다.

당시 바벨론은 세계 최대의 강국이었습니다. 바벨론 성은 높이가 100미터나 되었고 성벽의 길이는 60리가 되었으며 유브라데강이 시내와 성벽을 에워싸 아무도 이 성을 엿볼 수도 없었으며, 감히 쳐들어올 엄두도 내지 못했습니다. 그리고 그 밤에 그들은 전승 축하연에 도취되어 있었던 것입니다. 그러나 그날 밤 유브라데강은 마르고 메대와 파사의 연합군이 이 마른 강바닥을 넘어 쳐들어왔습니다. 어느 누구도 넘볼 수 없었던 고지의 바벨론 성에서 벨사살왕은 죽임을 당하고 바벨론 최후의 날을 맞았습니다.

시편 127편 1절에 보면 "여호와께서 집을 세우지 아니하시면 세우는 자의 수고가 헛되며 여호와께서 성을 지키지 아니하시면 파수꾼의 깨어 있음이 헛되도다"라고 하였습니다. 잔칫날의 즐거움과 다가올 재난을 인생은 알지 못하며 지금도 우리는 내일의 일을 알지 못합니다.

둘째, 경고와 분별입니다. 하나님은 심술꾸러기가 아닙니다. 자주 책망을 주고 깨우쳐 주십니다. 목이 곧은 자는 멸망을 면치 못합니다. 그러나 멸망을 갑자기 당한 것 같으나, 거기에 오기까지 하나님은 여러 가지 양심의 가책과 지혜 있는 자들을 통하여 깨우쳐 주시며 돌아서기를 기다리십니다. 그래도 깨우치지 못하고 목이 곧기 때문에 멸망을 당하는 것입니다. 로마가 망한 것도 일조일석에 이루어진 것이 아님을 우리는 압니다. 마음에는 두려우나 대수롭지 않게 묵살해 버리고 자기만족에 도취되어 하나님의 경계와 양심의 깨우침을 멸시하다가 끝내는 멸당한 것입니다.

셋째, 공의와 죄입니다. 성경에 보면 공의는 나라를 흥하게 하고 죄는 백성을 욕되게 한다고 기록되어 있습니다. 역사를 보면 동서고금을 막론하고 그 유래를 빗나간 적이 없습니다. 소돔과 고모라가 멸망 받은 것은 먼 나라 이야기가 아닙니다. 백제가 망했을 때 의자왕은 3천 궁녀를 거느리고 있었으며, 신라가 망했을 때 그 왕은 포석정에 술을 가득 채우고 마셨다고 합니다.

바벨론도 이러한 공의의 도마 위에서 결국 무너져 간 것입니다. 그러나 그것은 하나님의 갑작스러운 역사가 아니고 때마다 일마다 깨우쳐 주셨으나 듣지 않은 인간의 사악함이 부른 결과입니다. 그래서 죄의 값을 치르는 것입니다. 그러나 하나님은 그에게로 향한 믿음은 믿음으로 붙드시는 것을 봅니다.

> "내가 어찌 악인이 죽는 것을 조금인들 기뻐하랴 그가 돌이
> 켜 그 길에서 떠나 사는 것을 어찌 기뻐하지 아니하겠느냐"
> (겔 18:23).

따라서 이것을 지나간 역사적 사실로 볼 것이 아니라 오늘 우리 개개인에게도 임하시는 사실임을 깨달아야 합니다. 하나님의 깨우침을 그의 경고로 바로 받으면 축복이 됩니다.

요나는 하나님의 뜻을 거역하고 다시스로 도망하다가 바다 풍랑을 만났습니다. 그리고 물고기 뱃속에서 죽을 수밖에 없었으나 이것이 하나님의 깨우침이심을 깨닫고 돌아섰을 때 바다의 풍랑과 고래 뱃속은 오히려 그에게 전화위복이 되었습니다. 망할 수밖에 없었던 니느웨 성을 회개시키고 큰 부흥을 가져오게 하는 주의 사자로 들어 쓰셨던 것입니다.

이제 역사적 교훈을 현실적으로 각성한 세 가지 교훈을 말씀하고자 합니다.

첫째, "메네 메네"입니다. 이는 '계수했다'는 말입니다. 확인해 보았다는 말입니다.

시편 90편 12절에 보면 우리에게 우리 날 계수함을 가르치셨다고 하셨습니다. 1년 365일 가운데 하나님의 뜻대로 산 날은 몇 날이 되었나 생각해 봅시다. 1년 52주, 이 마지막 52주일에 지나간 51주일을 계산해 봅시다. 진실로 하나님 앞에 신령과 진정으로 예배를 드렸는지 확인해 봅시다. 남은 엿새는 내 생업을 위해 살았다 하더라도 이레 중 하루 주님의 날만큼은 주님을 위해 보냈는지 생각해 보아야 할 것입니다.

주님의 몫으로 성별하여 바쳐야 할 십일조에 대해 생각해 봅시다. 내 마음대로 내 멋대로 하나님의 것을 사용한 것이 없었는지 살펴봅시다.

교회 밖에서의 생활은 그만두고라도 교회 안에서 택함을 받은 성도끼리 얼마나 사랑으로 대했는지 생각해 봅시다. 우리는 하나님의 사랑을 알고 그 사랑에 구원을 받았다고 하는 성도들입니다. 그 사랑의 빚을 얼마나 갚으며 살았는지 생각해 봅시다. 하나님의 사랑을 내 마음속에 꽁꽁 묶어 두어 사해처럼 죽음의 짠맛만을 내는 성도는 아니었는지 생각해 봅시다.

누가복음 13장에 보면 무화과나무의 비유가 있습니다. 3년을 기다렸으나 열매를 맺지 않았습니다. 일꾼의 부지런함을 아는 주인은 그 탓을 종의 게으름에 있다고 하지 않고 열매 맺지 않은 무화과나무를 찍어 버리자고 하였습니다.

그때 일꾼은 주인에게 1년만 더 기다려 달라고 부탁했습니다. 주인은 일꾼의 부탁을 귀히 여겨 3년이 지나도록 열매를 맺지 못하는 무화과나무를 찍어 버리지 않았습니다. 주님은 지나간 나의 생활 속에서 열매 맺지 않은 것은 불문에 부치고 다시 열매를 맺도록 하겠다는 그 다짐을 귀히 여기시는 것입니다.

지나간 날을 반성하면서 밝아 오는 새해에는 주께서 만족하실 만한 열매들을 맺을 수 있도록 결단하는 이 시간이 되어야 할 것입니다.

둘째, "데겔"입니다. 이는 '저울질한다'는 말입니다. 잠언에 보면 마음을 저울질한다고 말씀하셨습니다. 사람은 외모를 보나 하나님은 마음을 저울질하신다는 뜻입니다. 이는 믿음을 의미합니다. 믿음이 있으면 하나님은 이를 귀히 여겨 용서해 주신다는 것입니다.

믿음이 무엇입니까? 고린도후서 13장에 보면 너희 속에 믿음이 있는지 스스로 살펴보라고 하셨습니다. 내게 불리한 여건이 찾아올 때 원망하지 않고 오히려 이를 나의 뉘우침의 기회로 삼아 하나님 앞에 바로 서는 것이 믿음입니다.

다윗의 생애를 보면 빛나는 역사가 많이 있습니다. 그러나 다윗이 태어나서 그의 일생을 마무리 지을 때 가장 아름다웠던 믿음의 장면은 언제입니까? 하나님께 대한 그의 믿음을 고백하는 아름다운 장면을 우리는 그의 가장 어려웠던 시기에서 찾아볼 수 있습니다.

자신의 아들 압살롬에게 쫓겨나서 망명의 길에 올랐을 때 쫓겨 가는 다윗을 보고 시므이가 저주를 하였습니다. 아들에게 배신당하고 쫓겨 가는 아버지 다윗의 마음은 얼마나 아팠겠습니까? 그런데 거기다가 시므이까지 저주를 하니 그의 마음은 찢어지는 듯 아팠을 것이며 하나님 원망하는 마음도 생겼을 터이지만, 그 비참한 환경에서 그는 믿음을 고백했습니다.

> "……그가 저주하는 것은 여호와께서 그에게 다윗을 저주하라 하심이니…… 그가 저주하게 버려두라 혹시 여호와께서 나의 원통함을 감찰하시리니 오늘 그 저주 때문에 여호와께서 선으로 내게 갚아 주시리라"(삼하 16:10~12).

셋째, "우바르신"입니다. 이는 '계산하여 이익을 배당한다'는 뜻입니다. 그런데 25절에는 "우바르신"으로 표현되고 28절에는 "베레스"로 달리 표현되어 있습니다. 그것은 계산하여 보니 이익은커녕 모자라서 손해배상으로 왕의 나라를 나누어 메데와 바사 사람에게 준 바 되었다 함이라고 다니엘은 해석하고 있습니다.

마태복음 25장 29절에는 "무릇 있는 자는 받아 풍족하게 되고 없는 자는 그 있는 것까지 빼앗기리라"고 하였습니다. 하나님은 결과만 보시지 않습니다. 그 중심을 보십니다. 동기를 살피십니다. 최선을 다했으면 손해배상 하라고 나무라지 않으셨을 것입니다. 주께서 나무라신 것은 맡겨진 그대로 활용도 않고 장사도 하지 않은 채 땅에 묻어 두었기 때문입니다.

주어진 여건에서 최선을 다했다면 비록 이익을 남기지 못했어도, 아니 손해를 보았어도 주인은 "잘하였도다. 착하고 충성된 종아, 네가 작은 일에 충성하였으매 내가 많은 것으로 네게 맡기리니 네 주인의 즐거움에 참여할지어다" 했을 것입니다.

이제 가슴에 손을 얹고 지나간 1년을 회고하고 반성합시다. 말씀을 통하여 하나님의 경고를 바로 받아 각성합시다. 계수하고 저울질하여 부족함을 깨달았으면 회개합시다. 마음을 새롭게 하고 다짐하여 새출발하는 여러분이 되시기 바랍니다.

4부
아버지의 목회철학

아버지의 목회철학

무엇보다 1971년 45살 때 개척하여 1997년 원로목사로 추대된 한강교회 26년 동안의 목회에 그의 모든 인생 가치관과 성경 이해와 목회철학이 담겨져 있다.

"바람 분다, 돛 달아라!"
"최선을 다하라!"
"되면 좋고, 안 되면 더욱 좋고!"

바람이 불면 춥다. 바람이 불면 위험하다. 이것이 일반 상식이지만, 추위와 위험이라는 한계 상황을 넘어 이를 긍정의 힘으로 바꾸는 인식의 전환으로 아버지는 살아왔다. 또한 주어진 여건 아래서 최선을 다하는 모습을 가족을 비롯한 주위 사람들은 익히 알고 있다. 하루에도 만리장성을 쌓는다는 말을 늘 하기도 하였다. 하루하루 순간순간 그는 그냥 무의미하게 넘기는 법이 없다. 무엇인가를 하는 사람이었다. 일할 수 없는 밤이 쉬 오리라는 것을 잘 알고 있었다.

젊음에서 중년을 거쳐 장년 또 노년에 이르면서 그의 입에서 자주 반복되는 말은 "되면 좋고, 안 되면 더욱 좋다"는 말이었다. 내가 하고자 하는 뜻이 이루어지면 누구나 좋아한다. 그러나 뜻대로 되지 않으면 싫어하게 마련이다. 그런데 이루어지지 않음에도 좋아하는 사람이 있다. 왜냐하면 그에게는 내 뜻 밖에서 운행하는 하나님의 섭리가 있다고 믿기 때문이다. 그래서 그 하나님의 뜻이 이루어지는 과정을 지켜보면서 내 뜻이 이루어질 때보다 더욱 좋아할 수 있는 것이다.

"뜻이 하늘에서 이룬 것 같이 땅에서도 이루어지이다."
주기도문을 하는 예수 그리스도의 제자들이라면 당연한 자세가 아니겠는가?

지금도 한강교회 어느 교우 가정에는 작은 액자의 글귀가 걸려 있을 것이다.
"평강의 주께서 친히 때마다 일마다 너희에게 평강을 주시기를 원하노라."
데살로니가후서 3장 16절 말씀이다. 친필 붓글씨로 쓴

이 성구를 표어로 아버지는 목양을 해 왔다. 때마다 일마다 주께서 주시는 평강을 기원하면서 주님께서 맡기신 양 떼를 돌보셨다. 그 목장에서 많은 영혼들이 태어나기도 하고 자라나기도 하고, 키움을 받아 전국으로 온 세계로 뻗어 나갔다. 세계 여러 교회와 단체에서 귀한 역할을 담당하고 있는 이들 가운데 한강교회 출신을 말하라면 온 나라 여기 저기에서 손을 번쩍 드는 사람들이 참 많을 것이다.

"오늘은 이촌동을! 내일은 세계를!"

주일마다 외친 그 함성은 사라지지 않고 한 알의 밀알로 땅에 떨어져 열매를 맺었기 때문이리라.

부흥 사역

 19세기 말부터 20세기 중엽까지 중국, 일본, 러시아 그리고 미국, 영국, 프랑스를 비롯한 서양 열국이 한국을 가운데 두고 벌인 각축전은 정치, 사회 분야뿐만 아니라 한국 기독교에도 적지 않은 영향을 미치는 요인이 되었다.

1930년 원산부흥운동, 1907년 평양대부흥운동 그리고 1909년의 백만인구령운동을 통하여 한국교회는 전에 없는 놀라운 성장을 경험하게 된다.

이 영적 대각성운동은 세 가지 면에서 독특한 특징을 지니고 있었다. 첫째는 이 대각성운동이 당시 세계기독교계에서 일고 있는 부흥운동과 같은 맥락에서 이해되어야 한다는 사실이고, 둘째는 강대국들이 노리고 있는 '나봇의 포도원' 한반도를 둘러싼 중국, 러시아, 일본의 패권주의로 인한 정치적 위기가 한국인들로 하여금 복음을 받아들이기에 적합한 토양을 제공해 주었고, 셋째는 한국의 부흥운동은 일차적으로 네비우스 선교 정책의 일환으로 채택된 사경회 운동과 밀접한 연계성을 지니고 발전했다는 사실이다.

이렇게 1903년부터 일기 시작한 신앙부흥운동에는 길선주 목사, 한석진 목사, 김익두 목사, 이용도 목사가 활약하였다. 그리고 성결교회의 본격적인 부흥운동은 1921년 경성성서학원에서 일어난 부흥운동이다. 이명직 목사의 회개로부터 시작한 이 부흥운동은 곧 전국적으로 확산되었다. 1930년대 부흥운동의 중심에는 정남수 목사가 있었다. 그는 자동차에 악기를 싣고 다니며 거대한 천막을 치고 집회를 연 광장은 당시로서는 큰 구경거리였다. 1937년 새롭게 등장한 부흥사가 이성봉 목사다. 구성진 노래와 리듬 있는 어조로 대중을 사로잡은 그의 메시지는 일제 말과 해방 후 어두운 한국인들에게 희망을 주었다. 그리고 1960년대 한국성경교회는 정운상, 이만신, 신현균, 이원석, 고원용, 초복규 목사를 통해 새로운 부흥운동시대를 열었다.

정운상 목사는 1957년 이성봉 목사를 대장으로 한 희년전도대를 시작으로 전국 교회와 일본, 미국 등지에서 800여 회에 달하는 부흥집회를 인도한 세계적인 부흥사였다. 심지어 정 목사는 일본어에 능통하여 일본 부흥회에 참석한 일본인들도 깜짝 놀랐다고 한다. 그리고 충신교회 담임목사로 시무할 때 소록도의 한센병 환자촌에서 부흥집회를 인도하였는데 둘째 날은 단상에서 내려와 환자들에게 일일이 안수기도를 해 준 일이 있어 그 후 곳곳의 한센병 환자촌에서 정 목사를 초청하는 부흥집회가 줄을 이었다. 그래서 정운상 목사는 한국부흥사 협의회 회장을 역임하였다.

성결교 50주년 희년복음전도대

해방 후 개신교의 1945년부터 1960년까지는 회복과 재건의 기간이다. 이 시기는 사회적으로 안정되지 못했지만, 해방의 감격과 함께 생겨난 새 희망을 안고 출발한 때였다. 당시는 국가의 운명과 함께 파괴와 복구의 파노라마 속에서 교회 역시 어렵사리 명맥을 이어가기 바빴다. 그러나 그 암울한 상황에서도 재건사업과 함께 교회를 세워나가는 일을 계속 추진했다.

성결교는 이 시기에 가장 빨리 전략적 교회 개척에 관심을 보인 교단이었다. 동양선교회의 지원으로 설립된 성결교회는 해방 이후 자립하기 위해 여러 노력을 시도했다. 1947년에는 일천 개 교회 달성을 위한 기독교 조선 성결교회 4개년 계획안을 제시하며 교회 개척 사역을 본격적으로 시작했다. 또 1957년에는 희년전도대를 조직해 전국을 다니며 집회를 열고 전도했는데, 이것은 해방 이후 성결교회의 부흥과 교회 개척 사역에 매우 중요한 부분을 차지하게 된다.

50주년 희년복음전도대(앞줄 왼쪽 이성봉, 양도천, 뒷줄 가운데 정운상, 오른쪽 이정률 목사님)

1957년 성결교 희년복음전도대는 1년 동안 50주년을 기념하여 50개 처소에서의 집회를 계획하고 출정하여 서울을 비롯 전국을 순회하며 전도하였는데, 초기 성결교회의 장막 전도를 방불케 하는 큰 은혜의 역사가 일어났다. 5월 15일부터 그해 말 복음 전도대 사역이 막을 내릴 때까지 330회에 걸쳐 희년의 나팔을 힘차게 불었다. 이정율 목사는 제주도로 파송하고, 정운상 목사는 새로 개척한 교회들을 도와주기로 하고, 이성봉 목사는 계속해서 지프차를 몰고 임영상 집사와 함께 각 교파를 망라하여 간청하는 교회와 지방에 희년의 복음을 널리 전했다.

1,321일간 지방회 및 감찰회를 중심으로 한 집회 63곳, 개교회의 집회 32곳 등 총 95곳에서 집회를 가졌으며, 그 결과 신구도자가 3,103명, 회개체험자가 3,577명에 이르는 성결교회 희년의 놀라운 부흥의 결실로 이어졌다.

특히 1957년 9월 말부터 12월 말까지는 세계적인 성결운동가인 퍼거슨 박사가 내한하여 두 개의 전도대로 나누어 놀라운 활약을 했다.

희년전도대가 5월 15일 출진한 지 7개월 동안, 기차 시간을 놓칠 뻔도 해서 가슴을 졸이기도 하였고, 달리는 버스를 못 타고 트럭 신세도 졌으며, 장마 통에는 지게로 전도 기구를 짊어지고 걷기도 했다. 고장 난 자동차를 떠밀고 대관령에서 비를 흠뻑 맞아가며 넘기도 했다. 새벽차를 타고 종일 차 속에서 시달려 정신을 못 차리고 허덕일 때도 한두 번이 아니었다. 밤낮 침식을 잊고 하루에 천여 리를 차 속에서 지낸 때도 있었다. 그러나 수천의 생명을 회개시켜 하나님께 인도하고 수십만 군중에게 복음의 씨를 뿌린 것은 사람의 계획만은 아니었다.

희년전도대는 성전 건축은 하였으나 경제적 난관에 봉착한 전북지방 태평교회와 강원지방 초당교회, 서울지방 수정교회와 전남지방 주월동교회에서 집회를 하고, 이들 교회를 20만 환씩 보조해 주어 어려운 문제들을 해결해 주기도 했다. 또한 희년기념교회로 영등포 문래동에 40만 환으로 작은 예배당을 사서 문래동교회를 설립하자 불과 1개월 만에 50여 명이 모이는 교회로 발전하였다.

   동양선교회 선교부에서는 희년은 12월로 마감한다며 보조를 끊었다. 총무와 대원은 해고할 수밖에 없었다. 정운상 목사는 1957년 12월 문래동성결교회 초대 담임목사로 부임하여 시무하다가, 1958년 이성봉 목사의 부르심으로 신촌성결교회로 옮겨 시무하였다.

   성결교회의 희년은 일제강점기와 한국전쟁으로 인한 고난과 지도자들의 부재 속에 성결교회의 새로운 도약을 향한 출발점이 되었다. 한국교회의 주요 교단으로 도약하는 힘이 되었다.

민족복음화운동

우리나라는 1866년 대동강 변에서 첫 선교를 시작하신 토마스 목사님의 거룩한 순교의 피로 말씀이 이 땅에 선포되었다. 이를 기념하여 100주년이 되던 해 1965년 이화여자대학교 김활란 총장님의 주도하에 "3천만을 그리스도에게로" 민족복음화운동이 시작되었다. 이때 정운상 목사와 황광은 목사가 1여 년 동안 복음화운동의 기수가 되어 큰 활약을 하였다. 처음에는 개신교 중심이었으나 카톨릭도 합심하여 1973년 "5천만을 그리스도에게로" 표어를 걸고 빌리 그래함 목사님 초빙하여 초교파적으로 5일간 여의도에 연인원 320만 명이 모였다. 곧이어 74엑스프로, 77민족복음화, 80세계복음화, 84선교100주년대성회, 88올림픽대성회 등 굵직한 대회를 치르면서 한국은 놀랍게 부흥하였다. 그 결과 80년대 중반, 한국인 기독교인은 일천만 명이 되었다.

특히 77민족복음화성회는 "오직 성령으로"라는 주제로

대전도집회를 열었는데 일체 외국의 도움 없이 온전히 한국 강사들에 의해 금식을 선포하며 8만 명의 새 신자가 결신하고, 상설 국제선교 협력기구가 탄생했다. 이 부흥운동에서 정운상 목사와 황광은 목사가 쌍두마차가 되어 전국 각지에서 민족 복음화 물결을 일으켰다.

'80세계복음화' 설교하시는 사진

5부
걸어오신 길

목회 발자취

경남 통영태평교회에서 전도사로 목회를 시작한 아버지는 1957년 기독교 대한성결교회 교단에서 목사 안수를 받고 문래동교회, 신촌성결교회, 장춘단교회에서 목회하였으며, 장로교단(통합)으로 이적하여 충신교회, 한강교회로 이어지는 43년의 목회 활동을 마무리 한다.

이성봉 목사를 중심으로 한 성결교 50주년 기념 희년복음전도대의 총무의 역할 등 부흥사로서의 활동도 지속하였다. 특히 일본 선교와 77년민족성회를 이끌었으며, 한국기독교부흥협의회 회장, 함해노회장, 용산 경목실장, 총회 부흥전도단장, 평화통일연구위원으로 활동하였다. 목회자로서 부흥사로서 40년을 맞는 1996년에 제7회 세계복음화중앙협의회 주관 '한국기독교 선교대상'을 받았다.

통영 태평교회에서 시무하실 때 있었던 이런 일화가 있다.

어느 여름 폭우가 쏟아지는 깊은 밤에 한 청년이 찾아왔다고 하셨다.

"어머님이 몹시 아프십니다."

"그럼 얼른 같이 감세."

따라나서시는데 청년이 말했다.

"우리 집은 첩첩산중이고, 이 비바람 속에 목사님 못 가십니다. 지난주 설교 말씀에 우리는 비상약을 언제나 옆에 두고 있어 비바람이 몰아쳐도 겁날 것 없다 하셨으니, 비상약만 지어 주십시오."

신약에서 한 첩, 구약에서 한 첩, 두 첩을 가슴에 안고 청년은 비바람을 뚫고 달려갔다. 신구약 두 첩의 탁월한 특효 덕분에 다음 주일 찬란한 햇살과 함께 어머니를 모시고 기쁨으로 감격의 예배를 드렸다고 하셨다.

문래동성결교회를 창립하다

문래동성결교회가 첫 예배를 드리고 창립을 선언한 것은 1957년 12월 1일 서울의 문래동에서였다. 당시 문래동 지역에 거주하는 오순복 집사와 이순덕 집사 몇 분들이 성결교회 신자였으나, 문래동에 성결교회가 없어서 문래동이 영문장로교회에 소속해 있었다.

그들은 중생, 성결, 신유, 재림의 신앙을 체험하도록 지도하는 성결교회가 세워지기를 소망하고 있었다. 그들은 당시 성결교단의 희년전도대인 이성봉 목사를 비롯한 정운상, 이정률 등 세 목사에게 성결교회 설립을 건의함으로써 성결교회 희년을 기념하여 문래동성결교회가 세워지는 단초가 되었다.

1957년 12월 1일에 문래동 4가 5통 2반의 김순분 성도의 사택에서 남자 5명, 여자 13명, 총 18명(이순덕, 오순복, 이광옥,

정수희, 정수분, 추계순, 정영수, 김용복, 추계순의 아들)의 교인이 참석한 가운데 첫 예배를 드리게 되었다. 이정률 목사가 사회를 하고 정운상 목사가 설교를 하였다. 이렇게 문래동성결교회가 탄생되었다.

1957년 12월 15일 희년복음전도대의 이성봉 목사, 이정률 목사, 정운상 목사 세 분이 어려운 가운데 합동으로 자금을 마련하여 문래동 4가 2통 6반 251호를 예배당 겸 주택으로 매입하였다. 그리고 정운상 목사가 문래동성결교회 초대 담임목사로 부임하였다.

문래동성결교회는 1958년 1월 8일 이순덕, 오순복 성도를 집사로 임명하는 등 제직을 구성하고 각 기관을 조직했다. 단기간에 크게 부흥하여 예배 장소가 협소하여 다시 성전을 세우지 아니하면 안 될 단계에 이르렀다. 1958년 4월 9일 정운상 목사가 부임 5개월 만에 사임하고 이성봉 목사의 부르심으로 신촌성결교회로 부임하였다.

신촌성결교회

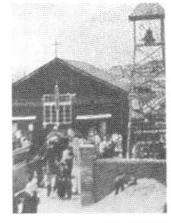

　신촌교회는 1955년 1월 3일에 이성봉 목사 가정에서 '체부동교회'(정승일 목사 담임, 이성봉 목사의 사위)의 도움으로 창립되었다. 1957년에 강진국 목사, 1958년에는 정운상 목사가 7개월간 신촌교회에서 시무하였으며, 1958년 이정률 목사, 1964년 4월에 조제택 목사가 담임하다가 1964년 12월에 최학철 목사(1964~1974)가 부임하였으며, 1965년 7월에 창천동에 벽돌로 교회를 신축하였다. 1965년 8월 25일에 창립자 이성봉 목사께서 별세하셨고, 1970년 7월에 마포구 노고산동에 대형으로 교회를 신축하여 이전하게 되었다.

장충단성결교회

장충단성결교회

기독교대한성결교회 장충단교회는 1945년 9월 23일 중구 장충동 1가 26번지 30평 예배당에서 창립예배를 드렸다. 1945년 9월 유세근 목사가 취임하고, 1947년 강송수 목사가 취임하였다.

1950~1952년은 6·25전쟁으로 교인들이 산재되어 있다가, 1953년 서울 수복 후 교회로 복귀하여 개교되었다. 이듬해 중구 장충동 2가 186번지 현 소재지에 신축 대지 392평을 확보하여 1956년 예배당을 신축하였고, 1958년 11월 정운상 목사가 취임하여 1961년 1월 사임하기까지 2년 3개월 시무하였다.

충신교회

1957년 2월 3일 주일 낮, 서울 용산구 청파동 1가 98번지 이석진의 집에서 32명이 모여 백기찬 전도사의 인도로 창립예배를 드린다. 이 예배에 참석한 교인들은 대부분 6·25 한국전쟁을 전후하여 월남한 평북 압록강 어귀에 살던 용천(龍川) 출신들이었다.

청파동에서 첫 예배를 드린 후 중구 동자동 42번지 최창호의 집으로 옮겨, 김성기 목사의 인도로 예배를 드리다가, 동자동 27번지 비누 공장 2층 벽돌 건물을 전세 내어 옮기며, 최창영 초대 담임목사가 부임하여 1957년 5월 황동노회에 가입함으로 충신교회가 체제를 갖추게 되었다. 새 교회 기틀이 확립되자 1958년 2월 용산구 후암동 102번지에 예배당 건축을 위한 부지를 구입하였고, 1960년 7월에 건평 80평의 예배당을 신축하였다.

1963년 3월, 정운상 목사가 2대 담임목사로 부임하고, 12월에는 임성빈 전도사가 부임하고, 1964년 12월에 정운상 목사 위임식을 갖고 박종순 전도사가 부임하였다.

교인이 날로 늘어나자 1964년에 증축 공사를 시작하여 1965년 10월에 헌당예배를 드린다. 1967년 10월 대보교회 박맹술 목사를 강사로 부흥사경회를 열었는데 이 사경회를 계기로 전 교인이 합심하여 교인배가운동을 전개하면서 교인 수가 증가하였다.

충신교회 사임과 새로운 도약

정운상 목사는 후암동에서 아파트촌이 형성되는 동부이촌동으로 1970년 교회를 옮기면서 새로운 도약을 준비한다. 같은 해 3월 교회는 용산구 동부이촌동 대지 정지 작업을 마치고 교회 신축을 위해 먼저 교육관 1층 178평을 기공하였다. 그러나 소요 자금이 준비되지 않은 상태에서 착공한 공사가 문제가 되어 이로 인해 교회가 어려움을 겪기 시작한다.

그리고 그해 가을 주일 아침에…

위아래 검정 양복을 입고 하얀 목 터틀넥에 머리를 짧게 자른 청년 7~8명이 교회 안뜰에 들어서고, 예배 시작을 위해 목회실에서 나오시는 아버지 앞에 방패처럼 빙 둘러서더니 두 손을 팔짱을 끼고 짧게 한 발씩 앞으로 다가서며 아버지를 뒷걸음하시게 하더니 목회실에 가두었다.

어느새 부목사가 설교단에 오르고 예배는 시작되었다.

눈 깜빡할 사이에 일어난 일이라 성가대석에 앉아 있던 나는 무슨 갱단 조폭 영화를 보는가 했다.

다음날 노 집사가 목회실로 찾아왔다고 하셨다.

"목사님, 건축 관련으로 공사비 체불 등 의견이 나뉘어 상황이 너무 안 좋습니다. 그러나 교인들은 모두 목사님 편입니다. 그러니 제게 사표를 써주시면 우리 목사님은 이렇게 화합을 위해 헌신적이시라고 교인들을 수습해 보겠습니다."

아버지는 교회 수습 일념으로 그 자리에서 사표를 쓰셨고, 노 집사는 그길로 노회에 달려가서 아버지도 모르게 사표를 수리하고, 그 주간 뚜껑 없는 푸른색 사륜차가 와서 우리 옷들과 식기 등을 쓸어 담아 서부이촌동 어느 이층집 현관에 쏟아 놓고 갔다. 서울역에서 출발하는 모든 기차가 지나가는 기찻길 옆 오막살이였다. 그리고 그달 마지막 주 월요일 시멘트 가루 담았던 커다란 누런 봉투에 동전이며 지전들을 담아 현관에 던져 놓고 갔다. 동전이고 지전이고 모두 연둣빛 시멘트 가루가 범벅으로 엉켜 있었다.

천막 교회에서 한강교회로

그렇게 성탄을 맞고 겨울이 지나갔다.

새해가 되고 엄영희 권사님과 강인기 권사님이 오셨다.

교회에서 목사님이 어디로 가셨는지 아무도 알려 주지 않았다고 하셨다.

"목사님 우리 집에서 예배드려 주세요."

1971년 2월 7일, 15평 아파트에서 25명의 예배가 시작되었다.

다음 주 2월 14일, 61명이 모이자, 신중필 집사님께서 제의하셔서 한강맨션 15동 402호에서(35평) 예배를 드렸다.

낮 예배는 신중필 집사님 댁에서, 저녁 예배는 엄영희

권사님 댁에서 드리었으나 계속 예배자가 많아져서 뒤에 있는 분들은 서서 예배를 드렸다.

수자원공사로부터 충신교회 부지를 장만할 때 옆에 한 단지를 사서 교인들 여러분들이 나누었는데, 그중에 이만기 노은경 집사님 부부도 한 필지를 소유하셨고, 자신의 부지를 예배를 드릴 수 있도록 아무 조건 없이 내어주었다. 지금 국민은행 뒤편 하나은행이 있는 곳이다. 3월 첫 주일, 그곳에 천막을 치고 긴 나무 의자를 놓고 예배를 드렸다. 비록 천막 교회였지만 언제든지 모일 수 있고, 마음껏 찬송을 부를 수 있는 처소가 마련되었다.

곧 건축위원회가 조직되고 블록을 쌓아 올리고 4월 4일 입당 예배를 드리게 되었다.

2월 초 엄영희, 신중필 권사님 댁에서 시작된 가정예배는 3월 초 천막 교회를 거쳐, 4월 4일 한강교회 이름표를 달고 예배를 드리게 되었다. 그리고 드디어 1971년 4월 4일 대한예수교장로회 한강교회 제1권 제1호 주보가 발행되고 출석 인원은 111명이었다.

우리는 모두 예수님 DNA를 받았다.

"그는 주 앞에서 자라나기를 연한 순 같고 마른 땅에서 나온 뿌리 같아서 고운 모양도 없고 풍채도 없은즉 우리가 보기에 흠모할 만한 아름다운 것이 없도다."

"그는 멸시를 받아 사람들에게 버림받았으며 간고를 겪었으며 질고를 아는 자라. 마치 사람들이 그에게서 얼굴을 가리는 것 같이 멸시를 당하였고 우리드 그를 귀히 여기지 아니하였도다."

"그는 실로 우리의 질고를 지고 우리의 슬픔을 당하였거늘 우리는 생각하기를 그는 징벌을 받아 하나님께 맞으며 고난을 당한다 하였노라……. 우리는 다 양 같아서 그릇 행하여 각기 제 길로 갔거늘 여호와께서는 우리 모두의 죄악을 그에게 담당시키셨도다."

"그가 곤욕을 당하여 괴로울 때에도 그의 입을 열지 아니하였음이여 마치 도수장으로 끌려가는 어린 양과 털 깎는 자 앞에서 잠잠한 양 같이 그의 입을 열지 아니하였도다."(사 53:2~7)

한강교회 증축

1973년 예배 처소를 위하여 사용하던 노은경 집사 대지 67평을 교회에서 매입하고 4월 첫 주일 첫 번째 예배당을 건축했다.

다음 해 성전 입구 쪽 대지 120평을 추가로 매입하고 1974년 5월 1일 재건축하여 그해 9월 두 번째 예배당을 증축하고, 1975년 2월 14일 성전봉헌식을 하였다. 1976년 5월 함해노회 가입하고, 1978년 함께 예배드리는 성도의 수가 700여 명에 이르렀다.

그사이 가톨릭 천주교가 이웃으로 들어왔고 교회 앞 마당에서 자연스럽게 청년들끼리 배구 놀이 하는 것을 기쁘게 보시고, 천주교 담당 주교이신 함세웅 신부를 찾아가 이웃끼리 친선 배구 시합을 하자고 의논드렸으나, 단번에 거절하여서 섭섭했던 기억이 있는데, 그 후 우리 마당 쪽으로 담을 올리었다.

한편, 700m쯤 거리에 있는 충신교회는 별다른 이유 없이 당회 결정으로만 담임목사를 사임하게 하시니, 교인들의 소요가 있게 되고, 재정적 어려움이 있던 것 같다.
1976년 1월 9일 주보에 신년도 계획안으로 한강교회와 합동하는 것을 당회에서 합의하고, 청빙 의사를 타진하여 다음 주 정운상 목사님 오신다고 주보에 광고를 올렸다.
평생 아버님 말씀에 무조건 순종하시던 어머님께서 이번에는 극구 반대하셔서 두 교회 합치는 것은 무산되었다.
충신교회를 사임하셨다는 소식을 듣고 제일 먼저 일본 동경 재일교포 교회에서 서울까지 청빙하러 오셨다.
그동안 여러 번 일본 집회를 하시었는데 중학교 때부터 일본에서 유학하시어서 유창한 일본어로 설교하셨다.
그러나, 외할아버지의 순교를 직접 겪으신 어머님의 반일 감정으로 무산되었다.
어머님의 숨어 있던 성품이 올곧은 결정을 하신 것 같다.

1980년 2월 14일 세 번째 예배당을 착공하게 되었는데,

연건평이 1,300평으로 설계되었다. 종전의 예배당보다 무려 열 배 규모로 큰 건물이었다. 성전의 장소로는 성경의 모리아 산처럼 믿음의 결단이 있는 장소이며, 여호와 이레의 은총을 베푸시는 곳이기를 모두 기도드리며, 1981년 5월부터 건축 중인 예배당 지하에 임시 예배실을 만들어 예배를 드리기 시작하였다.

하나님께서 동행하시고 친히 인도하셔서 착공 7년 만인 1986년에 대예배실을 완공하여 입당예배를 드렸는데, 이는 우연히도 솔로몬 때 성전 건축에 소요된 7년과 같았다. 정운상 목사는 교인들과 성전을 향해 구원의 감격이 넘치는 곳, 성도들의 믿음의 새로운 결단이 넘쳐나는 곳이 되도록 기도를 계속하여, 1993년 12월 성전봉헌식을 드렸다. 1980년 착공한 지 무려 14년이 걸린 긴 세월이었다.

4년 후인 1997년 12월 6일 정운상 목사는 때가 되어 26년 시무를 끝으로 원로목사로 추대되고, 2008년 1월 23일 하나님의 부르심을 받는다.

1954년 태평교회를 시작으로 43년간 세상에 머물며 세상을 이겨야 하는 영적 싸움을 해왔다. 정운상 목사는 제자의 발을 씻는 자세로 사랑의 탑을 쌓았으며, 골고다 언덕 위에서 피 흘려 세운 십자가의 정신을 현실의 역사 속에서 몸으로 실천한 선한 목자였다.

한강교회의 특징

한강교회는 몇 가지 특징이 있다.

첫째, 독수리 형상이다.

성전의 외관은 한강에서 날아오르는 독수리를 형상화하였으며, 내부는 부채꼴 모양으로 강단을 향하여 마음을 모으고 시선이 집중하도록 하였다.

대예배실 양쪽 벽면에는 산상보훈의 팔복을 상징화하여 좌우로 네 개씩 벽돌을 양각으로 쌓아 형상화하였다.

둘째, 하늘빛과 십자가이다.

태초에 하나님께서 천지를 창조하신 그 빛이 직접 강단 위로 들어오도록 설계하였다. 이 빛은 성벽을 타고 내려오고 한강교회를 상징하는 십자가를 감싸며 부활의 승리를 울리듯 걸려 있다.

천정에는 빛의 형태의 스테인드글라스 중심에 성령 강림하심을 상징적으로 표현한 비둘기가 두 날개 활짝 펴고 예배자들을 축복하신다. 강단 중앙에 놓인 하얀 돌 제단 위로 하늘빛을 머리에 이고, 이 제단에서 드리는 예배와 경배가 하늘나라로 올려지고, 하나님의 구원 약속과 축복의 통로이며 구원의 표징이다.

셋째, 교회의 돌 제단이다.

교회 강단 중앙에 자연석으로 된 흰 돌 제단이 있다. 돌 제단은 언뜻 보아서는 하나로 보이지만 두 개의 돌이 하나가 되어 하나님께 드려진 제단이다.

밑에서 숨죽여 받들고 있는 작은 돌덩이를 통하여 교회의 연합과 성도의 삶을 배운다.

베드로에게 말씀하신 주님의 음성이 들린다.

"이 반석 위에 내 교회를 세우리라."(마 16:18)

예배당 건축 당시 정운상 목사님께서 강단 중앙에 놓일

흰 돌을 발견하시고 기뻐하시는 모습을 보고, 신보균 권사님의 정성으로 성전 제단 돌이 마련되었다.

넷째, 주님의 날개이다.

본당 예배실은 "주님의 그 크신 팔에 안기는" 형태로 설계되어 두 팔 벌려 우리를 품어주시는 주님 품 안에서 기쁨과 감사와 찬양으로 하나님께 예배를 드린다.

천사들의 승리 나팔이 울려 퍼지는 곳(Angel's Trumpet)이라는 이름이 있다.

다섯째, 종탑의 기도실이다.

하나님과의 영적 교제를 위해 종탑으로 오르는 계단 옆에 각층마다 작은 기도실을 마련하였다.

기도는 하나님께 나아가는 가장 **빠른 직진 길**이다.

여섯째, 문지방 물두멍이다.

성소의 입구와 번제단 중간에 제사장들의 손과 발을 씻는데 사용한 청동 그릇으로 특별한 규격과 크기는 없다(출 38:8). 번제단에 제물을 드리러 들어갈 때, 나갈 때, 두 번 다 손과 발을 씻었다.

"수족을 씻어 죽기를 면할지니 이는 그와 그 자손이 대대로

영원히 지킬 규례니라."(출 30:21)

물두멍을 상징하는 문지방 밑의 물줄기를 식당 옆에 설치했다. 처음에는 지붕 없이 하늘가와 맞닿았으나 겨울 추위에 물이 얼어서 투명 지붕을 얹었다.

왼쪽 벽 틈에서 물이 나와 흐르는데 겨울철 얼지 않으면 연속적으로 흐른다. 정면에 모자이크 신앙고백이 있다.

"주는 그리스도시요, 살아계신 하나님의 아들이시니이다."
(정충일 화가 작품)

교통 약자를 위한 휠체어 램프웨이도 조성하였다.

독수리가 날아가는 방향은 통일로를 향하도록 하여 민족 통일을 위한 북방 선교를 지향하고 있다. (현재는 철로로 인한 불편으로 동쪽에 임시 정문을 내어 사용하고 있다.)

1971년 가정예배로 시작된 한강제단은 전심으로 헌신하신 성도 님들의 기도와 사랑으로 한강의 기적을 이루었다.

한가람에 생명 샘이 터지어라

"아름다운 한가람에 생명 샘이 터지어라
믿음으로 터전 삼아 택한 백성 한자리에

높이 오른 구름 새로 은혜 종이 울려 퍼져
십자가로 빛내리라 모든 성도 증인 되어

하나님의 크신 사랑 그 사랑에 이끌리어
마음 모아 드리오리 주가 쓰실 그릇대로

후렴 : 찬양 찬양하라 여호와를 찬양하라
　　　때마다 일마다 우리 주가 평안 주시리라"

정운상 작사, 박재훈 작곡하신 한강교회 교가이다.

1971년 2월 7일 가정에서 시작된 예배는 3월 첫 주일 모래 위에 천막을 치고 멍석 위에서 예배를 드렸다(67평 대지). 4월 첫 주일에 블록으로 쌓아 올린 성전에서 한강교회 첫 주보를 내고 예배를 드리게 되었다(이촌동 302-99).

한 달 동안 한강의 기적을 이루었다.

천막 교회에서 함께 예배를 드린 한태경 성도께서 교회 작정 건축 헌금으로 5만 원을 책정하셨는데 잘못 기재하여 50만 원이 되었다. 당시는 큰 금액으로 정정 의사를 타진하였으나, 하나님의 뜻으로 알고, 믿음으로 재결심하셔서 교회 건축의 큰 불씨가 되었다(당시 쌀 한 가마에 2천 원).

첫해 추수감사절예배는(11월 21일) 대예배 성도 259명, 중고등부 51명, 어린이 유년주일학교 145명 모두 455명이 감사예배를 드렸다.

당시 교회 재정이 전임 전도사님을 모실 수 없어서 유년주일학교는 자체 운영하여야 하였고, 나는 교사로 봉사하며 전심전력으로 마음을 쏟았다.

주일 아침 교회 건널목에 서 있으면 건너편 공무원 아파트에서 어린 유년부 아동들이 한두 명씩 왔다. 기다리고 있다가 교회 앞 건널목을 넘으면 뛰어나가 두 팔에 담아 올리고, 그 자리에서 빙빙 몇 바퀴 돌리고 내려놓았다.

"와, 이쁘다, 잘 왔어. 반가워~!!!!!!"

한 사람 한 사람이 귀하고 소중했다.

아버님은 어른 목회 하시고, 나는 유년 교회학교 목회를 하였다.

신앙의 기초 확립을 중요하게 생각하셔서 이듬해 1월 〈한가람성경학교〉를 개설하였다. 출석부 도장 찍듯 입구에서 전 주일 요절 말씀을 암송하게 하셨다.

낮에는 신·구약개론과 교회사, 신앙 교리, 성경 지리, 교회 헌법 등의 본강의를 하셨다. 저녁 특강으로는 종교미술(이연호 목사), 종교음악(박재훈), 기독교 교육(이기선 목사), 성서신학(민영진 목사) 등 여러분을 강사로 모셨다.

그렇게 10년이 지났다. 80년 8월 파리로 유학을 가는 나에게 아버님이 말씀하셨다.

"너에게 공로패를 주고 싶다. 너는 나의 든든한 목회 동역자였다."

에필로그

작은 새야, 날아라

 토요일 아침, 늦장마가 잠시 주춤한 사이,
 슬몃 뜬 가을 햇살이 너무 반가워 창문을 활짝 열었다.
 옆집은 우리 집보다 지대가 낮아서 옆집 지붕과 거실이 마주하고 있다.
 그 지붕 위에 작은 새 한 마리, 짙은 녹색 깃털의 새가 앉아 있었다.
 살그머니 등 뒤로 돌아가 숨을 멈추고 조심조심 잡았더니 감았던 눈을 살풋 뜨며 바라보는데, 눈가에 밤색 줄이 선명하니 다람쥐 눈을 닮았다.

 전시회 팜플릿 담긴 상자에서 도록들을 한 손으로 덜어내고 신기해서 눈이 초롱초롱해진 일곱 살 손자에게 스카치테이프 찾아오게 하고 둘이서 조용조용 새가 살 집을 만들었다.
 보드라운 흰색 포장지를 동그랗게 말아 둥지를 만들어

주고

좁쌀이랑 물이랑 당근 상추도 넣어주었는데

눈을 꼭 감고 꼼짝도 안 하니 은근 겁이 났다.

살그머니 들어서 부리를 물통에 담가 주니 파드닥 놀라면서

꼴칵 코올칵 물을 거푸 마시더니 내 손바닥에 찌익 하얀 똥을 쌌다.

나의 작은 생각에도 물 먹고 똥 싸면 죽지는 않겠구나!

안심이 되었다. 무성한 난초잎 화분도 그늘 되라고 넣어주고 고구마 순 줄거리도 넣어주었다.

성북동 우리 집 근처 숲에서 사는 야생 고양이들이 소리 없이 지나가며 마당 돌절구 안에서 기르던 금붕어를 잡아간 기억이 있어서 냉장고 야채 칸 덮는 파란색 플라스틱 뚜껑으로 지붕을 덮어주고 전시하고 있는 갤러리로 나갔다.

친구들과 대학로에서 연극을 관람하고

"아~ 모두들 저렇게 열심히 사는구나!"

제작자 설명 들으며 또 감동하고, 뒤풀이 장소에 가 앉으니 그때에야 마당에 놓고 나온 작은 새 생각이 났다.

집에 전화해서 새를 담아 놓은 상자를 거실에 들여놓으라 했더니

"뚜껑이 탄탄해서 괜찮을 것 같다"는 딸의 이야기를 듣고도 마음이 급해서 택시 타고 집으로 돌아왔다.

'난초 화분 뒤에 숨었나?'

상자를 들고 방으로 들어가 물, 먹이통, 야채통, 종이 둥지 속, 화분의 나뭇잎 속, 밑에 깔아주었던 하얀 습자지까지 모두 다 들어내었는데, 습자지 위에 노르스름한 똥을 서너 군데 싼 흔적뿐 작은 새는 어디에도 없었다. 아무리 살펴보아도 나갈 수 있는 곳은 플라스틱 손잡이 작은 구멍뿐이다.

새 몸에 비해 상자가 제법 컸는데 높이 날아 이 작은 구멍으로 날아갔다면 건강을 회복하였다는 증거이니 섭섭하지만 스스로에게 안심하라고 말했다.

'넓은 하늘을 씩씩하게 날아라, 작은 새야~~.'

나는
당신의 작은 새입니다.
두 날개 쭉 펴고
동서 끝, 남북 끝, 기를 쓰고 달아나 보지만
그곳은 여전한 당신의 품속 한가운데
솟구치고 오르고 올라
욕심 가득, 투정 가득, 불만 가득해도
두 팔 벌려 그 큰 손으로 받아 주시고

곤두박질 떨어지고 뒹굴며 웅크리다
낑낑대고 훌쩍이면
따뜻한 넓은 가슴으로 품어주시는
나는 새벽하늘 나는
주님의 작은 새
아주 작은 한 마리
주님의
복된 새입니다.

| 한강교회가 |

주가 평강 주시리라

작사: 정운상, 작곡: 박지훈

| 정운상 목사의 호 '추성' |

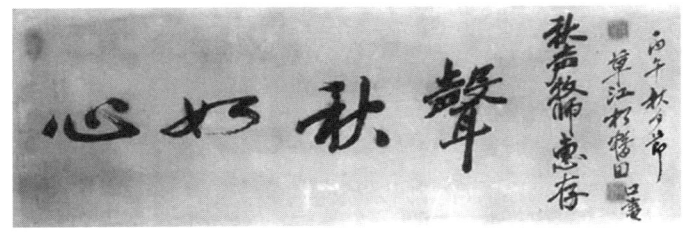

'심여추성' 마음이 가을 폭포 소리와 같다.

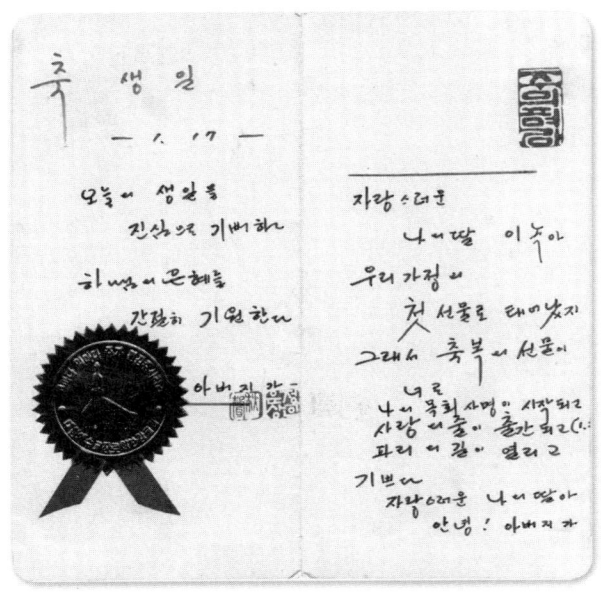

| 추성(秋聲) 정운상(鄭雲象) 목사 연보 |

1927. 4. 30.	동래정시(東萊鄭氏) 집의공파(執義公派) 30대 손으로 정관진 씨 차남으로 출생
1940. 3. 25.	인천 창영(昌榮)국민학교 졸업
1944. 3. 23.	일본 요코스카[橫須賀]중학교 졸업
1945. 8. 15.	해방으로 일본 요코스카[橫須賀] 해군항해학교 학업 중단
1947. 12. 6.	김화숙(金和淑)과 결혼
1953. 3. 24.	서울신학대학 졸업
1954~1957	경남 통영 태평교회 시무(4년간)
1957. 4. 30.	목사 안수
1957. 5.	성결교 50주년 희년복음전도대(대장 이성봉, 부대장 이정률, 총무 정운상)로 하루 한 교회씩 전국 부흥회 순회 개최
1957~1958	문래동교회 창립(5개월)
1958. 4~11.	신촌성결교회 시무(7개월)
1958~1961	서울장충단교회 시무(2년 3개월)
1961. 2~11.	문래동교회 재부임(9개월)
1961.	성청장학관 관장(서대문구 행촌동)
1963~1970	서울충신교회 시무(2대 담임목사로 부임, 7년 6개월 시무)
1971~2008	서울한강교회 창립(26년 시무, 원로목사 추대)
1978. 5. 5.	함해노회장(咸海老會長)
1979. 2. 16.	한국기독교 부흥협의회 회장
2008. 1. 23.	82세로 소천(함해노회장), 남양주 모란공원 영면
(역임)	· 한국기독교 부흥협의회 회장 · 총회 부흥전도단장 · 평화통일 연구위원

| 창조문예 산문선 · 3 |

바람 분다 돛 달아라

초판 발행일 2024년 10월 25일

지은이 정이녹
펴낸이 임만호
펴낸곳 창조문예사
등 록 제16-2770호(2002. 7. 23)
주 소 서울 강남구 선릉로112길 36(삼성동) 창조빌딩 3F(우 : 06097)
전 화 02) 544-3468~9
F A X 02) 511-3920
E-mail holybooks@naver.com

책임편집 김종욱
디자인 이선애
제 작 임성암
관 리 양영주

ISBN 979-11-91797-57-2 03810
정 가 10,000원

※ 잘못된 책은 바꾸어 드립니다.